Duden

Einfach klasse in Deutsch

Rechtschreiben

Wissen • Üben • Können

4. Klasse

Dudenverlag
Mannheim • Zürich

Die Rechtschreibung in diesem Buch folgt im Falle von Schreibvarianten den Empfehlungen von Duden – Die deutsche Rechtschreibung **(25. Auflage).**

Beratungsangebot für Eltern und Lehrer (kostenpflichtig):
Die **Duden-Sprachberatung** beantwortet Fragen zu Rechtschreibung, Grammatik, Zeichensetzung u. Ä.
montags bis freitags zwischen 08:00 und 18:00 Uhr.
Aus Deutschland: **09001 870098** (1,86 € pro Minute aus dem Festnetz)
Aus Österreich: **0900 844144** (1,80 € pro Minute aus dem Festnetz)
Aus der Schweiz: **0900 383360** (3,13 CHF pro Minute aus dem Festnetz)
Die Tarife für Anrufe aus den Mobilfunknetzen können davon abweichen.

**Bibliografische Information
der Deutschen Nationalbibliothek**
Die Deutsche Nationalbibliothek verzeichnet diese Publikation in der Deutschen Nationalbibliografie; detaillierte bibliografische Daten sind im Internet über http://dnb.d-nb.de abrufbar.

Das Wort **Duden** ist für den Verlag Bibliographisches Institut GmbH als Marke geschützt.

© Duden 2011   D C B
Bibliographisches Institut GmbH
Dudenstraße 6, 68167 Mannheim
Sonderausgabe 2013 für die
WKV Direktvertriebsservice GmbH

Redaktionelle Leitung: Grischa Zimmermann
Redaktion: Barbara Holzwarth
Autorinnen: Ulrike Holzwarth-Raether und
Ute Müller-Wolfangel

Herstellerische Leitung: Ursula Fürst
Illustration: Barbara Scholz, Niklas Böwer und
Oliver Kockmann
Umschlaggestaltung: WohlgemuthPartners, Hamburg
Layout und Satz: Petra Bachmann, Weinheim
Druck und Bindung: Mohn Media Mohndruck GmbH
Carl-Bertelsmann-Straße 161 M, 33311 Gütersloh

Printed in Germany
ISBN 978-3-411-74188-5

Jetzt gehts los!

In diesem Heft findest du alle wichtigen Inhalte zum Thema „Rechtschreiben" in der 4. Klasse. Es ist in fünf große Kapitel aufgeteilt. Du erkennst sie an den kleinen Bildern in der Kopfzeile:

 Groß- und Kleinschreibung

 Schwierige Laute

 Lange und kurze Vokale

 Zeichensetzung

 Nachschlagen

Die Kinder auf diesen kleinen Bildern begleiten dich durch den ganzen Band. Sie zeigen dir, dass es beim Lernen nicht viel anders zugeht als im Sport. Wer eine Sportart richtig gut beherrschen will, muss die wichtigsten Techniken und Spielregeln kennen und dann viel üben und trainieren. Schnell wirst du merken, dass du Fortschritte machst und dir immer mehr gelingt.

Überprüfe deine Ergebnisse mit dem **Lösungsteil** hinten im Heft. Mithilfe des **Abschlusstests** kannst du feststellen, ob du das Thema „Rechtschreiben" schon gut beherrschst oder ob du manche Übungen noch einmal wiederholen solltest.
Die wichtigsten **Rechtschreibstrategien** und **Fachbegriffe** findest du auf den letzten Seiten des Heftes.

Wissen

Üben

Können

 Wenn du dir nicht sicher bist, wie ein Wort geschrieben wird, kannst du nachschlagen – zum Beispiel in „Das Grundschulwörterbuch" von Duden.

Inhaltsverzeichnis

Groß- und Kleinschreibung

Schwierige Laute

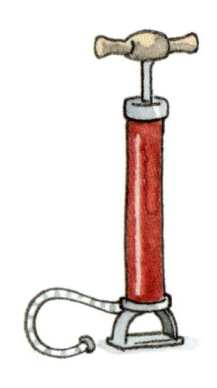

Lange und kurze Vokale

Inhaltsverzeichnis

Zeichensetzung

Nachschlagen

Wissen und Verstehen

Nur Nomen werden großgeschrieben. Alle anderen Wörter schreibt man klein.
Nomen können mit einem Artikel verbunden werden. Außerdem können sie im
Singular (Einzahl) und Plural (Mehrzahl) stehen.
Viele Nomen erkennst du an den nachgestellten Wortbausteinen **-heit**, **-keit**, **-ung**,
-nis, **-schaft**, **-tum** oder **-sal**.

die Katze	**die** Katzen		
die Gesund**heit**	die Wichtig**keit**	die Anmeld**ung**	das Bekennt**nis**
die Land**schaft**	der Reich**tum**	das Scheu**sal**	

Üben

Finde in dem geheimnisvollen Text alle Nomen und schreibe sie mit Artikel im Singular
auf. Denke daran, dass Eigennamen keinen Artikel brauchen.

… gestern bei dunkelheit wanderung … schauerliche
finsternis … gestrüpp durchquert unter großer mühsal
… abenteuerliche begegnungen mit schatten und
gespenstern … trotz angst und schrecken am schluss
erschöpft in großer heiterkeit in unseren unterkünften
angekommen … in alter freundschaft … dein struppi …

die Dunkelheit, die Wanderung

Wissen und Verstehen

Verben kannst du als Nomen gebrauchen, wenn du ihre Grundform mit einem Artikel verbindest. Dann schreibst du sie groß.

Das Betreten des Rasens ist verboten.

Üben

Ergänze die Sätze. Achte auf die Großschreibung der Verben.

Schon von Weitem höre ich …

bellen	lachen	rauschen	klingeln
brummen	läuten	quietschen	zwitschern

das Bellen .... des Hundes.

.... der Vögel.

.... des Wassers.

.... der Bremsen.

.... der Kinder.

.... der Fahrradfahrerin.

.... des Helikopters.

.... der Kirchturmglocken.

Und was hörst du gerade?

....

....

Wissen und Verstehen

In den Wörtern **beim**, **vom** und **zum** ist der Artikel versteckt. Wenn diese Wörter vor einem Verb stehen, wird das Verb zum Nomen. Du schreibst es dann groß.

Beim Lesen braucht sie eine Brille.

Die Finger tun mir **vom S**chreiben weh.

Lea fährt **zum S**chwimmen.

Üben ❶ Trage die Verben ein. Denke an die Großschreibung.

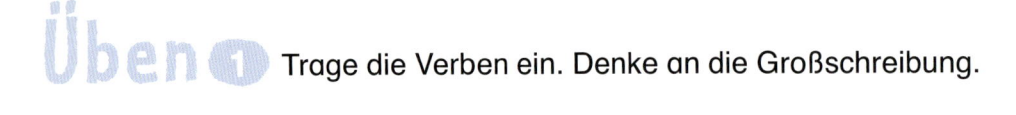

kochen · gießen · schneiden · schreien · malen · einkaufen

lernen · telefonieren · schwimmen · turnen · trommeln · basteln

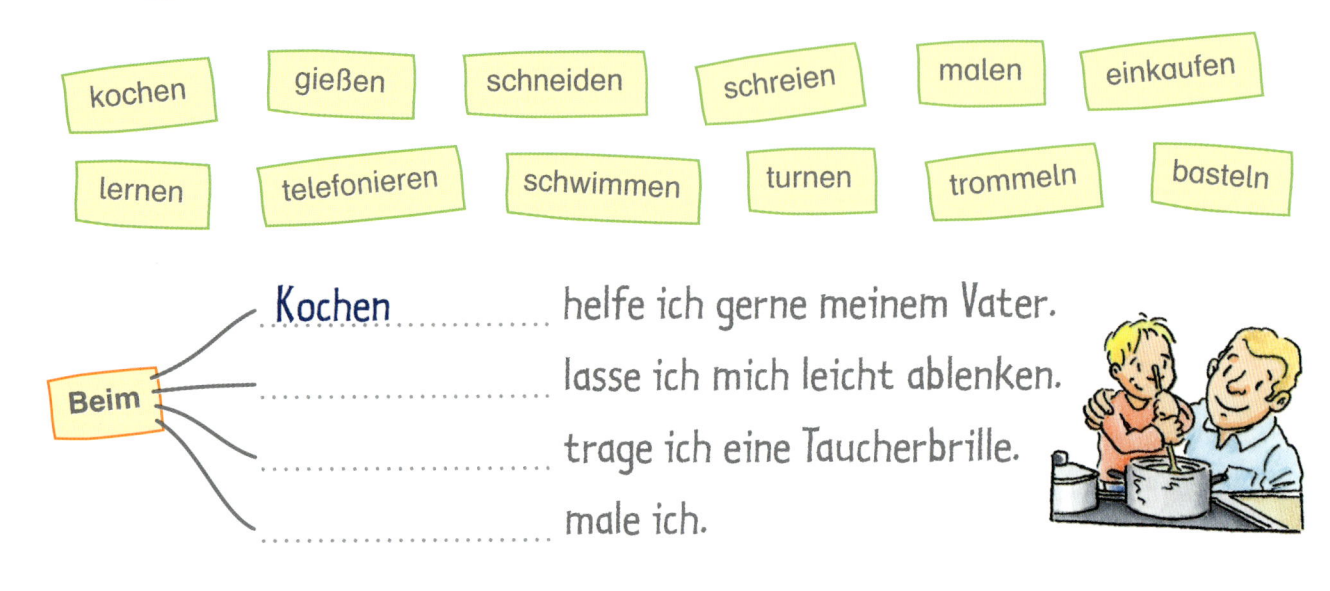

Beim
- Kochen .... helfe ich gerne meinem Vater.
- .... lasse ich mich leicht ablenken.
- .... trage ich eine Taucherbrille.
- .... male ich.

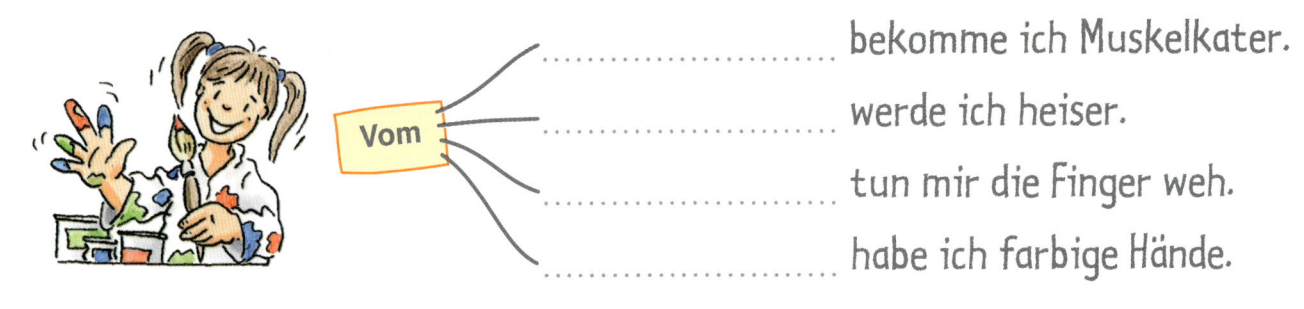

Vom
- .... bekomme ich Muskelkater.
- .... werde ich heiser.
- .... tun mir die Finger weh.
- .... habe ich farbige Hände.

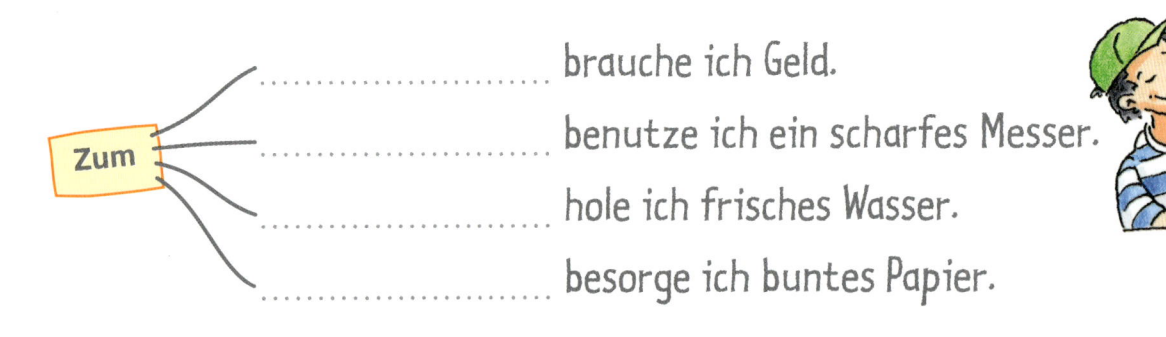

Zum
- .... brauche ich Geld.
- .... benutze ich ein scharfes Messer.
- .... hole ich frisches Wasser.
- .... besorge ich buntes Papier.

Üben 2 Entscheide, ob das Verb groß- oder kleingeschrieben wird. Schreibe es in die Lücken.

spielen

.Beim Spielen......................... vergesse ich alles.

Ich .... gerne.

Sheila kommt vom .... nach Hause.

rennen

Immer .... Lizzi allen weg.

Zum .... brauche ich neue Turnschuhe.

Chris hat sich beim .... den Fuß verstaucht.

toben

Vom .... bin ich ganz erhitzt.

Alle .... durcheinander.

Die Vase ist beim .... umgefallen.

Üben 3 Schreibe die Sätze in der richtigen Groß- und Kleinschreibung auf.

ALS RONJA HEUTE VOM REITEN KAM, HALF IHR IHRE MUTTER
BEIM AUSZIEHEN DER STIEFEL. RONJA WAR SO MÜDE, DASS
SIE DANACH BEIM ESSEN FAST EINGESCHLAFEN WÄRE.

....

....

....

....

9

Adjektive werden zu Nomen

Wissen und Verstehen

Adjektive kannst du als Nomen gebrauchen, wenn du einen Artikel davorsetzt und kein weiteres Nomen folgt. Du schreibst sie dann groß.

Ole ist **der J**üngste in der Klasse.

Üben

Finde zu jedem Kind das passende Adjektiv und ergänze die Sätze.

Das Tolle an unserer Klasse ist, dass wir alle tolle Typen sind.

klein · cool · schüchtern · groß · dünn · schlau · kräftig · lustig

Senep ist die Größte.   Finja ist die ....

Enrico ist der ....   Pit ist der ....

Fred ist der ....   Fritz ist der ....

Inga ist die ....   Mali ist die ....

Wissen und Verstehen

Nach **alles**, **etwas**, **viel**, **nichts** und **wenig** schreibst du Adjektive groß.
Ich muss dir **etwas L**ustiges erzählen.

Üben 1 Suche zu jedem Adjektiv das Gegenteil. Schreibe dann die Sätze auf.

groß – klein .... Hast du nichts Großes, dann nimm etwas Kleines.

leicht – .... Hast du ....

krumm – .... Hast ....

heiß – ....

sauber – ....

schön – ....

süß – ....

Üben 2 Ergänze die fehlenden Wörter.

Er denkt an etwas ..Lustiges.. .
 (lustig)

Streiche alles .... durch.
 (überflüssig)

Im Fernsehen kommt nichts ....
 (spannend)

In dieser Stunde habe ich viel .... gelernt.
 (neu)

In der heutigen Zeitung stand wenig ....
 (interessant)

Ich wünsche dir zum Geburtstag alles ....
 (gut)

Schreibung nach alles, etwas, viel, nichts, wenig

Üben 3 Bilde aus den Adjektiven Nomen, indem du **viel**, **wenig** oder **alles** davorsetzt. Schreibe acht Möglichkeiten auf.

neu   unnötig   spannend   süß   aufregend   schön   interessant   lieb

viel
wenig
alles

wenig Neues

Üben 4 Groß oder klein? Setze die Buchstaben richtig ein.

Lieber Flo,

viele Grüße aus den Ferien. Hier ist es (N/n) ass und ziemlich (K/k) alt. Deshalb muss ich jeden Tag etwas (W/w) armes und vor allem etwas (W/w) asserdichtes anziehen. Wenn ich wieder zu Hause bin, muss ich Dir viel (A/a) ufregendes erzählen. Es sind (U/u) nglaubliche Sachen passiert. Gibt es etwas (N/n) eues bei Dir? Alles (G/g) ute

Deine Moni

An _____

Florian Schumacher

Clemensstraße 27

88212 Ravensburg

Wissen und Verstehen

Tageszeiten und Wochentage kannst du mit Nomen bezeichnen. Sie werden großgeschrieben.

der **M**orgen   der **M**ittag   der **S**amstag   der **S**amstagmorgen

Für die Angabe von Tageszeiten und Wochentagen kannst du auch Umstandswörter (Adverbien) verwenden. Sie werden kleingeschrieben.

morgens   **m**ittags   **s**amstags   **s**amstagmorgens

Üben 1

Ergänze die fehlenden Wörter. Achte auf die Groß- und Kleinschreibung.

der Morgen	morgens	am Morgen	eines Morgens
	abends		
			eines Mittags
der Vormittag			
		bei Nacht	
der Nachmittag			

Üben 2

Entscheide, ob du groß- oder kleinschreiben musst. Ergänze den richtigen Buchstaben.

Jeden (M/m) ⬛ orgen stehe ich um 7 Uhr auf.

Ich esse (M/m) ⬛ ittags in der Schule. Am

(N/n) ⬛ achmittag spiele ich oft Fußball.

Am liebsten höre ich (A/a) ⬛ bends vor dem

Schlafengehen noch ein bisschen Musik. In der

(N/n) ⬛ acht träume ich oft schöne Geschichten.

Zeitangaben

Üben ③ Sieh dir den Familien-Wochenplan an. Ergänze im Text die Zeitangaben. Achte auf die Groß- und Kleinschreibung.

	Mo	Di	Mi	Do	Fr	Sa	So
MORGEN							
MITTAG							
NACHMITTAG							
ABEND							

AM DIENSTAGNACHMITTAG   SONN- UND FEIERTAGS   AM SAMSTAGABEND
MONTAG FRÜH   MITTWOCHS   JEDEN DONNERSTAG   ALLE FREITAGE
IMMER MONTAGS   WERKTAGS

Wir gehen ....._Montag früh_........... alle zusammen aus dem Haus. Ich esse

.... bei meiner Freundin. ....

gehe ich ins Turnen. Meine Trommelstunde ist ....

.... gibt es bei uns Spaghetti mit Tomatensoße.

Der Fischwagen kommt bei uns .... vorbei.

.... sehen wir manchmal gemeinsam fern.

In der Woche, also ...., haben wir alle wenig Zeit.

Aber .... unternehmen wir immer etwas.

1 Bilde aus den Verben und Adjektiven mit den nachgestellten Wortbausteinen **-heit**, **-keit**, **-ung**, **-nis**, **-schaft**, **-tum** oder **-sal** Nomen. Schreibe sie mit Artikel auf und färbe immer den ersten Buchstaben des Nomens und den nachgestellten Wortbaustein ein.

brauchen   ergeben   gesund   einsam   retten   trüb   heiser   verwandt   reich

....

....

....

2 Entscheide, ob das Verb groß- oder kleingeschrieben wird. Fülle die Lücken.

Das (K/k) ..... nurren des Hundes macht mir Angst.

Unser Hund (K/k) ..... nurrt immer den Briefträger an.

Ich muss unbedingt mein Zimmer (A/a) ..... ufräumen.

Beim (A/a) ..... ufräumen habe ich mein Taschenmesser gefunden.

Auf dem Platz herrscht ein (K/k) ..... ommen und (G/g) ..... ehen.

„Per, (K/k) ..... omm, wir (G/g) ..... ehen", (R/r) ..... uft der Vater.

3 Groß oder klein? Ergänze den richtigen Buchstaben.

In der Zeitung steht alles (A/a) ..... ktuelle. Trotzdem ist es aber oft auch

wenig (N/n) ..... eues. Das (G/g) ..... ute daran ist jedoch, dass man jeden Tag

weiß, was auf der (G/g) ..... anzen Welt passiert.

4 Ergänze in den Sätzen passende Zeitangaben.

nachmittags   samstags   Morgen   Sonntag   Freitag   wochentags

Jeden .... steht Ilja um 7 Uhr auf, denn er muss ....

um 8 Uhr in der Schule sein. Nur .... und am .... kann

er ausschlafen. Am .... muss er .... zum Training.

Wissen und Verstehen

Der (s)-Laut wird verschieden geschrieben: als **ss**, als **s** und als **ß**. Nach einem kurz gesprochenen betonten Vokal oder Umlaut schreibst du den (s)-Laut als **ss**. Nach langen Vokalen oder Doppellauten schreibst du ihn als **s** oder **ß**.

der Flu**ss**   das Gla**s**   der Fu**ß**

Üben ❶

Suche zu jedem Wort ein Reimwort. Kennzeichne den kurz gesprochenen Vokal mit einem Punkt • und den lang gesprochenen mit einem Strich —.

Glas   **Gras** ....   Schloss   **Ross** ....

schließen ....   rasen ....

Riss ....   reißen ....

Klasse ....   lassen ....

Üben ❷

Schreibe die Wörter der Wortfamilien in die passenden Spalten. Achte auf den kurz oder lang gesprochenen betonten Vokal.

ich schließe   die Maßeinheit   er schloss   gemessen   das Schloss

die Messung   verschlossen   das Schließfach   das Maß   verschließen

der Verschluss   abschließen   ich messe   er maß   die Messlatte   maßvoll

Wissen und Verstehen

Im Auslaut, am Ende eines Wortstammes oder am Ende einer Silbe, hörst du immer einen scharfen (s)-Laut. Die Verlängerungsprobe hilft dir zu entscheiden, ob das Wort mit **s** oder **ß** geschrieben wird.

das Haus – die Häu **s**er   das Floß – die Flö **ß**e

er blies – bla **s**en   weiß – das wei **ß**e Hemd

Üben

Verlängere jedes Wort und schreibe es nach Silben getrennt auf.

Wie klingt der (s)-Laut? Kreuze an und ergänze dann den richtigen Buchstaben.

	ich verlängere	weich ausgesprochen	scharf ausgesprochen
das Glei s…	die Glei se	X	
er hie…			
der Klo…			
der Hal…			
der Spa…			
der Prei…			
die Lau…			
sie gie…t			
gro…			
mie…			
der Bewei…			
das Gla…			
der Sto…			

Wissen und Verstehen

Das **V/v** wird in Wörtern oft als (w) gesprochen.

das Kla**v**ier   **v**oltigieren

Üben
Löse die Rätsel. Trage die Wörter mit **V/v** ein.

abgegrenzter Lebensraum von Tieren   R E V I E R

die Umkehroperation der Multiplikation

ein Zimmer neu tapezieren oder streichen

Essenspaket für einen Ausflug

nicht öffentlich

Fremdwort für Tunwort

der Zeitabschnitt vor Weihnachten

ein Planet

im Restaurant einen Tisch bestellen

anderes Wort für lila

ein Monat im Herbst

glühendes Vulkangestein

aufgeregt

daraus wird Öl gepresst

Turnübungen auf einem Pferd

18

Wissen und Verstehen

Fremdwörter sind Wörter, die aus einer anderen Sprache kommen. Sie sind schwierig zu schreiben, weil sie meist anders ausgesprochen werden. Oft kannst du Fremdwörter an ihren Endungen erkennen: **-tion**, **-iv**, **-al**, **-um**.

die Addi**tion**   der Detek**tiv**   tot**al**   das Vis**um**

Üben

Schreibe die Fremdwörter in die passende Spalte. Schlage die Wörter, die du nicht kennst, im Wörterbuch nach.

informativ   Medium   Konstruktion   funktional   Ministerium   Demonstration
Fiktion   negativ   formal   Nation   oval   positiv   Minimum   fiktiv   genial
international   Information   aktiv   pauschal   passiv   Aktion   maximal
Generation   Maximum   banal   Operation   naiv   Reaktion   minimal
explosiv   Organisation   konstruktiv   liberal   demonstrativ   Stadium   Funktion

-tion	-iv	-al	-um
	informativ		

Wissen und Verstehen

Am Ende eines Wortes, eines Wortstammes oder einer Silbe kannst du nicht gut hören, ob du **b** oder **p**, **d** oder **t**, **g** oder **k** schreiben musst. Die Verlängerungsprobe hilft dir.

der Dieb – die Die **be**   der Rand – die Rän **der**   klug – klü **ger**

Bei Verben hörst du in der Grundform den Laut so, wie du ihn schreiben musst.

es gibt – ge **ben**   er fand – fin **den**   sie singt – sin **gen**

Üben

Verlängere das Wort und setze Silbenbögen darunter.
Ergänze dann vorne den richtigen Buchstaben.

das Ban d..   ➡   die Bän der ....

er zo....   ➡   ....

es klin...t   ➡   ....

er ho....   ➡   ....

sie tru....   ➡   ....

der Win....   ➡   ....

gro....   ➡   ....

sie la....   ➡   ....

er san....   ➡   ....

tau....   ➡   ....

der Schla....   ➡   ....

blin....   ➡   ....

blon....   ➡   ....

der Ta....   ➡   ....

1 **s**, **ss** oder **ß**? Schreibe zu jedem Nomen das passende Verb in der Grund- und in der Personalform auf. Markiere in jedem Wort das **s**, **ss** oder **ß**.

die Reise .... er ....

der Biss .... sie ....

der Kreis .... er ....

der Schluss .... du ....

das Maß .... sie ....

2 Welche Wörter verstecken sich hier? Schreibe sie auf.

ROTALITNEV .... ADNAREV ....

LLABYELLOV .... REVOLLUP ....

WEIVRETNI .... HCSIRATEGEV ....

Was haben alle Wörter gemeinsam? ....

3 Schreibe zu jedem Adjektiv das dazugehörige Nomen mit Artikel auf.

demonstrativ .... informativ ....

funktional .... national ....

4 Löse die Rätsel. Färbe in den Lösungswörtern **b/p**, **d/t** und **g/k** ein.

Wenn ein Schiff untergeht, dann .... es.

Wenn ein Mensch melodische Töne von sich gibt, dann .... er.

Wenn das Wasser nicht klar ist, dann ist es ....

Wenn jemand nicht sehen kann, dann ist er ....

Wenn jemand kein Riese ist, dann ist er vielleicht ein ....

Wenn die Blätter von den Bäumen fallen, dann war es der ....

Konsonantenhäufung nach kurzem Vokal

Wissen und Verstehen

Nach einem kurz gesprochenen betonten Vokal oder Umlaut folgen mehrere Konsonanten (Mitlaute). Es können verschiedene, aber auch gleiche Konsonanten sein.

da**nk**en   der Lö**ff**el   der Stru**mpf**

Üben ❶ Markiere in jedem Wort den kurz gesprochenen betonten Vokal oder Umlaut mit einem roten Punkt.

der Hamster   das Gespenst   der Krawall   die Sperre

die Brände   die Brandung   die Hilfe

Üben ❷ Kennzeichne alle Konsonanten nach dem kurz gesprochenen Vokal. Streiche die Wörter durch, die nicht dazugehören.

der Hall	der Kamm	werben
er muss	wenn	die Scherbe
den	die Hörner	weben
der Schall	kam	der Zorn
der Stecken	bremsen	wann
das Mus	die Hütte	wir
denn	wen	der Schal
die Kurve	wirr	der Halt
die Hüte	er kann	der Steg
der Kuss	blöken	der Stock
klopfen	der Kran	er blutet

Wissen und Verstehen

Nach einem kurzen Vokal werden die Konsonanten **z** und **k** verdoppelt.

Statt **zz** schreibst du **tz** und statt **kk** schreibst du **ck**.

der Wi**tz**   si**tz**en

die Ja**ck**e   ba**ck**en

Üben

Verbinde jedes Bild mit dem dazugehörigen Rätsel. Schreibe dann das passende Wort auf.

Mein Wort hat ein **tz**. Vor dem **tz** steht ein **ü**. _Pfütze_ ....

Mein Wort hat ein **ck**. Es fängt mit **H** an. ....

Mein Wort hat ein **tz**. Vor dem **tz** steht ein **li**. ....

Mein Wort hat ein **tz**. Vor dem **tz** steht ein **i**. ....

Mein Wort hat ein **ck**. Es fängt mit **b** an. ....

Mein Wort hat ein **tz**. Es beginnt mit **S**. ....

Mein Wort hat ein **tz**. Es fängt mit **K** an. ....

Mein Wort hat ein **ck**. Im Wort ist ein **n**. ....

Mein Wort hat ein **ck**. Es endet mit **er**. ....

Wissen und Verstehen

Wenn der Doppelkonsonant bei Verben am Ende des Wortstammes steht, musst du besonders aufpassen. Dann hilft es dir, die Grundform zu bilden.

er bru**mm**t – brum men
sie i**ss**t – es sen

Üben

Setze die fehlenden Formen ein. Markiere die doppelten Konsonanten.

Grundform	Personalformen		
beginnen	ich beginne	du beginnst	er beginnt
	ich küsse		
		du scharrst	
			sie vergisst
joggen			
		du wippst	
			er dribbelt
	ich schummle		
fesseln			
			er quasselt
		du schaffst	
	ich treffe		
			sie jobbt
		du chattest	
mobben			

Wissen und Verstehen

Nach einem kurzen Vokal oder Umlaut kann ein Doppelkonsonant am Wortende stehen. Mache die Verlängerungsprobe, damit du das Wort richtig schreibst. Bilde bei Nomen den Plural und bei Adjektiven die 1. Vergleichsstufe.

der Ball – die Bäl le   schnell – schnel ler

Üben

Löse die Rätsel. Überprüfe die Schreibweise deines Lösungswortes, indem du es verlängerst.

Plural oder 1. Vergleichsstufe

1 Was nicht trocken ist, ist nass................   nas ser......................

2 Was nicht gerade ist, ist ....

3 Ein Teil des Baumes ist der ....

4 Es ist rund, und man kann es werfen.

  Es ist ein ....

5 Wenn die Sonne scheint, ist das Licht ....

6 Wenn man nicht hungrig ist, ist man ....

7 Ein anderes Wort für Ausweis ist ....

8 Zum Frisieren braucht man einen ....

9 Durcheinandergebrachtes Haar ist ....

10 Ein Reifen mit Loch ist ....

11 Wenn man nicht braun ist, ist man ....

12 Pferde stehen nachts im ....

25

Lange Vokale erkennen

Wissen und Verstehen

Wörter mit langem Vokal werden unterschiedlich geschrieben.

Viele Wörter mit einem langen Vokal oder Umlaut schreibst du so, wie du sie sprichst.

der **O**fen   r**a**ten   sch**ö**n

In manchen Wörtern wird der lange Vokal durch einen doppelten Vokal oder durch

das Dehnungs-**h** besonders gekennzeichnet. Diese Wörter musst du dir merken.

das **Haa**r   fü**h**len

Üben ❶ Markiere alle Wörter, in denen der lange Vokal ohne besondere Kennzeichnung

geschrieben wird.

(Magen)XXXMühleXXX(schlafen)XXXkühlXXXNabel

XXXfröhlichXXXPoreXXXMedikamentXXXprivatXXX

HaarXXXplanenXXXblasenXXXfühlenXXXProblemXXXBlutXXXFußXXXholenXXX

NadelXXXÖseXXXPanikXXXplagenXXXKomaXXXWadeXXXZahnXXXLidXXXLeber

XXXtotXXXBahreXXXsuchenXXXgewöhnlichXXXsuperXXXwütendXXXTatXXXTodXXX

BewegungXXXfrohXXXhörenXXXEkelXXXKleeXXXKnotenXXXMedizinXXXmagerXXX

DrüseXXXProbeXXXgutXXXsagenXXXFehlerXXXhabenXXXlösenXXXLupeXXXbluten

XXXSehneXXXnötigXXXOhrXXXatmenXXXtunXXXMasernXXXPoXXXgebenXXX

egalXXXprüfenXXXPuderXXXratenXXXNarkoseXXXRötelnXXXKurXXXLaborXXX

lebenXXXTüteXXXredenXXXSeeXXXRisikoXXXspürenXXXKiloXXXübenXXX

MaschineXXXwenigXXXschlagenXXXGlasXXXdehnenXXXTubeXXXUhrXXXSchere

XXXmögenXXXStuhlXXXSaalXXXzahmXXXschonenXXXMutXXXberatenXXXlegen

XXXVitaminXXXStrapazeXXXMotivXXXSeeleXXXlehrenXXXTagXXXSireneXXX

MinuteXXXBusenXXXschwülXXXklärenXXXzögernXXXmüdeXXXBlaseXXXwahrXXX

VirusXXXSahneXXXfragenXXXSchalXXXSirupXXXTeeXXXHusten

Üben ❷ Ordne die Wörter mit Doppelvokal in die Tabelle ein.

Aal   Idee   Zoo   Staat   doof   Waage   See   Moos   Beere   Schnee
Allee   Armee   Moor   Tee   Kaffee   leer   Teer   Saal   Seele   Beet
Paar   Saat   Boot

aa	ee	oo
Aal		

Üben ❸ Schreibe zu jedem Wort verwandte Wörter auf.
Benutze dein Wörterbuch.

wählen: **die Wahl,** ....

die Sahne: ....

die Zahl: ....

das Mahl: ....

die Bahn: ....

der Fehler: ....

das Jahr: ....

fahren: ....

kühl: ....

wohnen: ....

27

Wissen und Verstehen

Das lang gesprochene (i) kann verschieden geschrieben werden:
oft mit **ie** und selten mit **i** oder **ih**.

das S**ie**b   der T**i**ger   **ih**m

Üben ❶ Finde die passenden Wörter mit ie und schreibe sie auf.

Der erste Platz bei einem Wettkampf ist der ....Sieg............

Ein anderes Wort für Räuber heißt ....

Das Gegenteil von wenig ist ....

Der Turm von Pisa ist ....

Das Gemüse, bei dem man beim Schneiden weint, ist die ....

Ein Quartett ist ein ....

Ein Musikinstrument mit schwarzen und weißen Tasten ist ein ....

Kühe grasen auf der ....

Im Winter trägt man ....

Ein Mensch, der sehr groß ist, ist ein ....

Ein Insekt, das Honig produziert, ist eine ....

Die Hälfte von acht ist ....

Üben ❷ Was passt zusammen? Verbinde Gegenwart und Vergangenheit.

| er ruft | sie läuft | sie scheint | er schläft | ihr schreibt | sie steigt |

| sie schien | er rief | ihr schriebt | sie lief | er schlief | sie stieg |

28

Üben 3 Markiere in jedem Wort das **i**. Lerne die Wörter auswendig. Decke sie dann ab und schreibe alle zwölf Wörter aus dem Kopf auf. Kontrolliere.

Klima	Fibel	Lid	Tiger	Bibel	Kino

lila	dir	wir	prima	Benzin	Lawine

....

....

....

....

Üben 4 Markiere in jedem Wort das **ih**. Schau dir die Wörter genau an. Decke sie dann ab und schreibe sie auswendig auf. Kontrolliere anschließend: Hake richtig geschriebene Wörter ab.

ihm	ihn	ihnen	ihr	ihre	ihrer	ihres

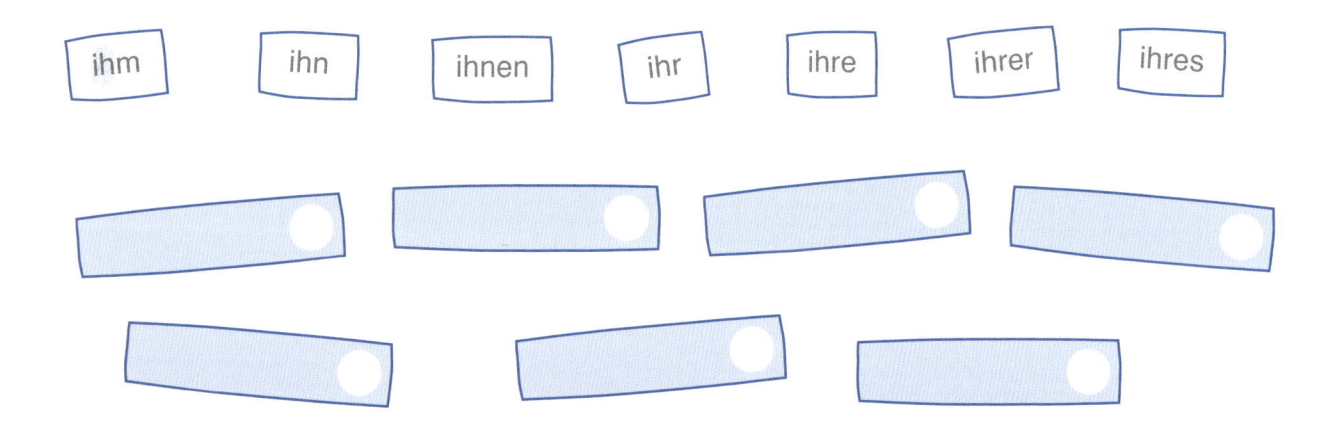

Wissen und Verstehen

Die Doppellaute gelten in unserer Sprache als lang gesprochene Laute. Deshalb kann ihnen auch kein Doppelkonsonant, kein **tz** und kein **ck** folgen.

l**äut**en   br**aun**   der **Kais**er   r**eis**en   die B**eul**e   das Kr**euz**   die P**auk**e

Üben

Ergänze **au**, **äu**, **ai**, **ei** oder **eu** und schreibe die Wörter in den passenden Umriss. Für jeden Doppellaut sollst du drei Wörter finden.

Str......ß   l......se   l......gnen   B......n   L......b

l......fen   ein......gig   M......   s......ber   S......re

w......nen   s......bern   S......te   absch......lich   Fr......nd

Strauß

1 Im Text sind in jeder Zeile drei Fehler. Finde die Fehlerwörter und kreise sie ein. Überlege bei jedem Fehlerwort, welcher Satz hilft, um es richtig zu schreiben. Färbe die Wörter entsprechend ein.

Nach einem langen Vokal folgt nur ein Konsonant.

Nach einem Doppellaut folgt nur ein Konsonant.

Nach einem kurzen Vokal folgen mindestens zwei Konsonanten.

Das Wort weiß ich auswendig.

Ich verlängere das Wort.

Flo hat heutte Morgen verschlafen. Schnell pakt sie ire

Schulltasche und rent zur Bushaltestelle. Aber, oh Schrek,

da steht der Bus schon an der Kreutzung. Flo flizt one zu zögern los,

aber der Bus färt an der Haltestele vorbei. Flo überlekt,

was sie nun tun kan. Ir fält nichts ein, aber da

biekt ein zweiter Bus um die Eke, und der hält an. Jetzt kan

Flo beruhigt einsteiggen und komt noch pünktlich in die Schulle.

2 Schreibe die Fehlerwörter aus dem Text richtig auf.

....

....

....

....

3 Schreibe Reimwörter mit doppeltem Vokal auf.

Aal ....   Idee ....

Schnee ....   leer ....

Klee ....   Saat ....

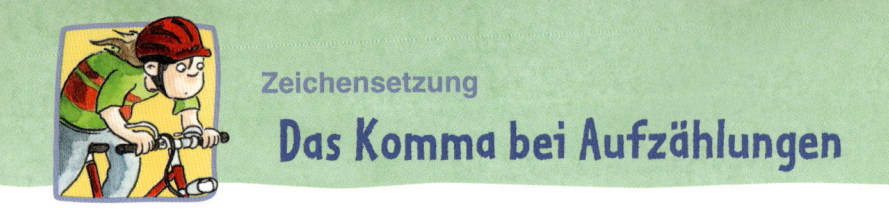

Das Komma bei Aufzählungen

Wissen und Verstehen

Aufzählungen trennst du durch Komma, außer wenn sie durch die Bindewörter **und** oder **oder** verbunden sind.

Im Mäppchen sind ein Füller, ein Bleistift **und** viele Buntstifte.

Möchtest du lieber eine Banane, einen Apfel **oder** einen Pfirsich?

Üben

Schreibe Aufzählungen mit Komma oder mit den Bindewörtern **und** und **oder**.

Am Wochenende gehe ich zum Fußball oder zum Tennis.

Zum Geburtstag wünsche ich mir ....

In den Ferien fahren wir ....

Meine Lieblingsfrüchte sind ....

Meine Füße sind gewachsen, deshalb brauche ich neue ....

Brauchst du zum neuen Schuljahr ....?

Wissen und Verstehen

Mit einem Bindewort kannst du Sätze verbinden. Vor das Bindewort **weil** musst du ein Komma setzen.

Ich gehe ins Schwimmbad, **weil** heute schönes Wetter ist.

Üben

Verbinde immer zwei Sätze mit dem Bindewort **weil**. Schreibe den Satz mit Komma auf.

Der Hund frisst eine Karotte.	Der Kühlschrank ist leer.
Der Dampfer tutet.	Sie hat Halsschmerzen.
Die Feuerwehr löscht das Feuer.	Das Wetter ist schlecht.
Sofie bindet sich einen Schal um.	Es brennt.
Herr Schnell tankt sein Auto voll.	Karotten sind sein Lieblingsgemüse.
Ute geht heute nicht auf den Tennisplatz.	Sein Schuh ist zu eng.
Frauke kauft ein.	Er legt ab.
Lukas hat eine Blase an der Ferse.	Der Tank ist fast leer.

Der Hund frisst eine Karotte, weil Karotten sein Lieblingsgemüse sind.

Das Komma vor obwohl und während

Wissen und Verstehen

Mit den Bindewörtern **obwohl** und **während** kannst du Sätze verbinden. Du musst dann vor dem Bindewort ein Komma setzen.

Sie musste mit dem Hund Gassi gehen, **obwohl** es regnete.

Er hörte Musik, **während** er die Schularbeiten machte.

Üben

Setze **obwohl** oder **während** ein. Vergiss das Komma nicht.

Peter bestellt sich eine Limo, **obwohl** sein Glas noch gar nicht leer ist.

Susi malt Blumen ____ sie telefoniert.

Die Katze sitzt vor dem Mauseloch ____ die Mäuse nicht rauskommen.

Bea liest ein Buch ____ sie eigentlich ihr Zimmer aufräumen soll.

Marc schrieb eine SMS ____ der Lehrer etwas erklärte.

Sie lief ohne Regenschirm aus dem Haus ____ es zu regnen begann.

Mia deckte schon den Tisch ____ die Kaffeemaschine lief.

Bonnie hielt den Hund mit einer Hand fest ____ sie mit der anderen Hand die Haustür aufschloss.

Susi friert ____ sie warm angezogen ist.

Mein Vater sieht fern ____ er bügelt.

Meine Mutter singt ____ sie unter der Dusche steht.

Unser Baby schreit ____ es genug getrunken hat.

Wissen und Verstehen

Mit dem Bindewort **dass** kannst du Sätze verbinden. Du musst dann vor dem Bindewort ein Komma setzen.

Er hat nicht zugegeben, **dass** er das Glas umgeworfen hat.

Üben

Vervollständige den angefangenen Satz mit den Wörtern in der Klammer. Benutze dabei immer das Bindewort **dass**. Denke an das Komma.

Felix lachte so sehr **, dass ihm der Bauch wehtat.** ....
(Bauch wehtun)

Margie hofft ....
(eine Eins in der Arbeit schreiben)

Ich weiß ....
(zum Geburtstag einen roten Pulli bekommen)

Die Politesse sagt zu dem Autofahrer ....
(hier nicht parken dürfen)

Pits Freundin schreibt ....
(in den Ferien zu Besuch kommen)

Herr Mops niest so laut ....
(die Wände wackeln)

Die Wettervorhersage sagt ....
(ab morgen kälter werden)

Ich hoffe ....
(zu meiner Freundin in die Klasse kommen)

....

Mein Opa spürt ....
(das Wetter schlechter werden)

....

Fürchtest du ....
(Ärger mit deinen Eltern bekommen)

....

Wissen und Verstehen

Die wörtliche Rede erkennst du an den Anführungszeichen. Sie stehen unten, wenn die wörtliche Rede anfängt, und oben, wenn die wörtliche Rede aufhört. Dazwischen steht, was gesagt wird.

„Pass auf!", rief Franzi.

Der Lehrer bat: „Putzt bitte die Tafel."

Üben

Unterstreiche im Unfallprotokoll der Polizei die wörtliche Rede.

Unfallprotokoll

Gestern gegen 12.30 Uhr passierte ein Unfall an einer Fußgängerampel in der Markt-straße, bei dem ein Junge angefahren wurde. Augenzeugen schildern den Unfall ganz unterschiedlich. Ein Mann beschreibt ihn so: „Um 12.30 Uhr näherten sich drei Kinder der Fußgängerampel, und eines von ihnen überquerte den Überweg, ohne auf die rote Ampel zu achten." Ein weiterer Zeuge bestätigt: „Genauso habe ich es gesehen." Eine Frau widerspricht diesen Zeugen: „Die Kinder blieben sehr wohl kurz an der Ampel stehen. Da die Ampel gerade auf Grün schaltete, lief ein Junge sofort los und wurde von dem Auto erfasst." Der unter Schock stehende Autofahrer beteuert aber: „Ich hatte Grün und konnte, obwohl ich den Jungen noch gesehen habe, das Auto nicht rechtzei-tig zum Stehen bringen." „Es ging alles so schnell", sagen die unverletzten Kinder. Es müssen noch weitere Zeugen angehört werden.

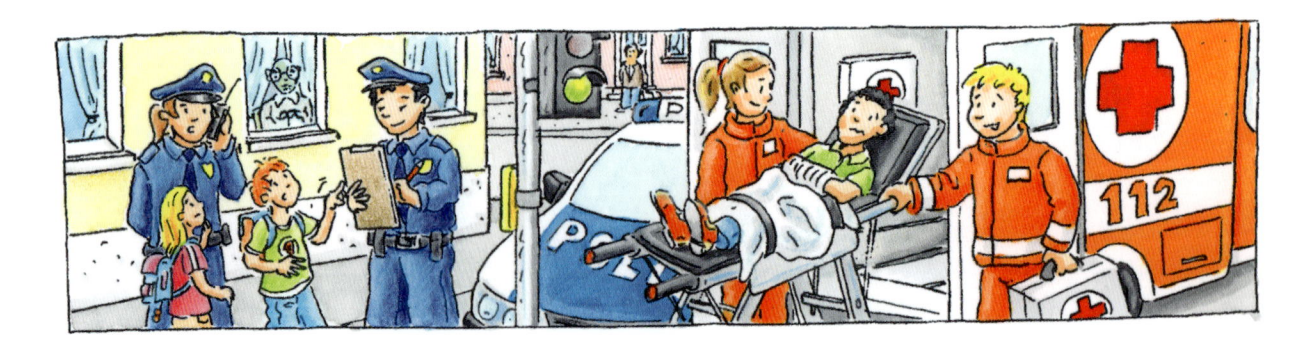

Wissen und Verstehen

Wenn du den Redebegleitsatz vor die wörtliche Rede schreibst, dann musst du am Ende des Redebegleitsatzes einen Doppelpunkt machen.

Theo schreit: „Lass mich in Ruhe!"

Üben

Lies die Sätze. Es gehören immer ein gelber und ein grüner Satz zusammen. Bilde Sätze mit wörtlicher Rede und schreibe sie auf. Achte auf die Zeichensetzung.

Die Lehrerin erklärt.   Die Sekretärin bittet.

Der Hausmeister fordert den Schüler auf.

Die Rektorin spricht.   Der Schüler verteidigt sich.

Ich begrüße unsere neuen Fünftklässler.

Für den Aufsatz habt ihr eine Woche Zeit.   Ich habe Alex kein Bein gestellt.

Das Papier gehört nicht auf den Schulhof, sondern in den Papierkorb.

Ich brauche von deinen Eltern noch eine Notfalltelefonnummer.

Die Rektorin spricht: „Ich begrüße unsere neuen Fünftklässler."

Der nachgestellte Redebegleitsatz

Wissen und Verstehen

Wenn du den Redebegleitsatz hinter die wörtliche Rede schreibst, dann musst du ihn durch ein Komma abtrennen.

Ist die wörtliche Rede ein Aussagesatz, fällt der Punkt weg. Ausrufe- und Fragezeichen müssen aber stehen bleiben.

„Das ist gut", antwortet Justin.   „Prima!", ruft Cem.   „Warum?", fragt Lilo.

Üben

Lies das Gespräch. Ergänze nachgestellte Redebegleitsätze. Vergiss die Anführungszeichen und das Komma nicht.

„Der Fußball gehört mir ", sagt Max. .... Das kann nicht sein,

denn hier ist ein Kratzer ....

Mein Ball hat an der gleichen Stelle einen Kratzer

.... Ich weiß aber, dass das mein Fußball

ist, weil ich ihn vor der Schule hier für die Pause versteckt habe

.... Ich habe aber meinen Ball aus dem

Klassenzimmer mitgebracht .... Du

bist ein Lügner! .... Bin ich nicht!

.... Wer von euch hat diesen Ball im

Gebüsch liegen lassen? ....

.... Max und Benne schauen sich an und brechen in

Gelächter aus. Der Hausmeister versteht gar nichts mehr.

sagt Max.   verteidigt sich Benne.   schreit Max zurück.   schreit Benne.

erklärt Max.

antwortet Benne.   erwidert Max.

fragt der Hausmeister und hält einen Ball hoch.

Wissen und Verstehen

Wenn du den Redebegleitsatz zwischen die wörtliche Rede einschiebst, dann musst du ihn durch Kommas abtrennen.

„Na gut", sagt Cem, „dann machen wir es eben so, wie du es willst."

Üben

Lies den Text. Finde die wörtliche Rede und setze die richtigen Zeichen.

Das vergessene Pausenbrot

Antonia steht in der großen Pause weinend auf dem Schulhof. Schnell läuft ihre Freundin Donata zu ihr. „Warum weinst du denn?", fragt sie, „hat dich jemand beleidigt oder angerempelt?" Antonia schüttelt den Kopf. Nein schluchzt sie ich habe mein Pausenbrot vergessen. Aber deswegen musst du doch nicht weinen tröstet Donata sie ich gebe dir etwas von meinem ab. Das geht nicht erwidert Antonia noch immer unter Tränen denn ich habe meinem Vater versprochen, dass ich heute mein Pausenbrot ganz aufesse und jetzt habe ich es nicht dabei. Ich bin sicher tröstet Donata sie das wird dein Vater verstehen. Nimm wenigstens ein Stück Apfel von mir. Du bist aber nett bedankt sich Antonia. Sie lächelt schon wieder. Die beiden Mädchen teilen den Apfel genau in der Mitte. Antonia beißt in ihr Apfelstück hinein. Dein Apfel schmeckt gut sagt sie er ist süß und saftig.

Satzzeichen bei wörtlicher Rede

Wissen und Verstehen

Wenn du beim Schreiben die wörtliche Rede verwendest, musst du genau darauf achten, ob der Begleitsatz vorangestellt, eingeschoben oder nachgestellt ist. Entsprechend musst du die passenden Satzzeichen setzen.

Eyla fragt: „Was gibt es heute zum Essen?"

„Na klar", sagt Tim, „komme ich heute zum Fußball."

„Wir bekommen heute sicher hitzefrei", freut sich Klara.

Üben

Stelle die wörtliche Rede mit den Begleitsätzen um.
Setze die Rede- und die Satzzeichen.

Begleitsatz

← vorne — Ben ruft: „Hier ist der Schlüssel!"

→ hinten — „Hier ist der Schlüssel!", ruft Ben.

⬇ eingeschoben — „Hier", ruft Ben, „ist der Schlüssel!"

← Patrick ärgert sich: „Ich habe meinen I-Pod verlegt."

→ ....

⬇ ....
....

← ....

→ ....

⬇ „Wann", fragt Milena, „gehen wir nach Hause?"

← ....

→ „Morgen fahren wir zur Kunsthalle", sagt die Lehrerin.

⬇ ....

40

1 Trage die Bindewörter **und** oder **oder** ein und setze die richtigen Satzzeichen.

Die Mutter kauft Max ein Mäppchen Stifte [   ] neue Umschläge.

Nic sucht eine neue Arbeitsgemeinschaft. Er hat die Wahl zwischen Fußball Hockey

Theater [   ] Kunst.

Zoe darf entscheiden, ob sie ihren Geburtstag zu Hause im Museum im Strandbad

[   ] im Kletterpark feiern möchte.

2 Setze die Bindewörter **weil**, **obwohl**, **während** oder **dass** ein. Vergiss das Komma nicht.

Der Lehrer erklärt [   ] zum Ausflug alle 10 € mitbringen müssen.

Yannik geht nicht mit Eli zum Fußball [   ] er lieber Tennis spielt.

Petra lädt Mona ein [   ] sie sich gestern gestritten haben.

Steffi streichelt ihren Hund [   ] der Tierarzt ihn untersucht.

3 Schreibe die Satzteile als Sätze mit wörtlicher Rede auf.

| Du schreibst mit meinem Bleistift. | Das ist mein Bleistift. | beruhigt Susan sie |

| Das habe ich nicht gesehen. | Reg dich nicht so auf. | sagt Franzi | Du lügst. |

| Gib ihn mir sofort zurück! | Franzi wird rot im Gesicht und schreit | Tut mir leid! |

| entgegnet Susan. | Dein Bleistift liegt unter deinem Heft. | entschuldigt sich Franzi |

....

....

....

....

....

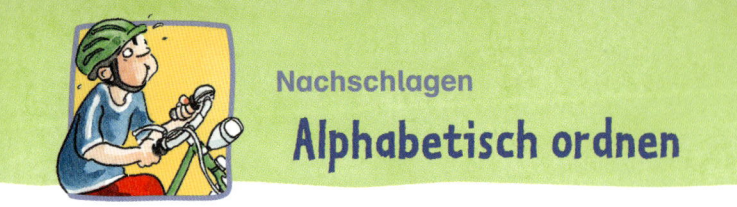
Wissen und Verstehen

Wenn du unsicher bist, wie ein Wort geschrieben wird, hilft dir das Wörterbuch.

Achte beim Nachschlagen nicht nur auf den Anfangsbuchstaben, sondern auch auf den zweiten und die nachfolgenden Buchstaben des Wortes.

die Wand   die Wanne

Üben Ordne die Wörter an der richtigen Stelle ein.

Koch   Fischer   Gaukler   Schuster   Arbeiter   Bäcker   Fußballerin
Busfahrerin   Schlachter   hell   windig   Sonne   Donner   Sturm   klar
trocken   warm   grell   wolkig

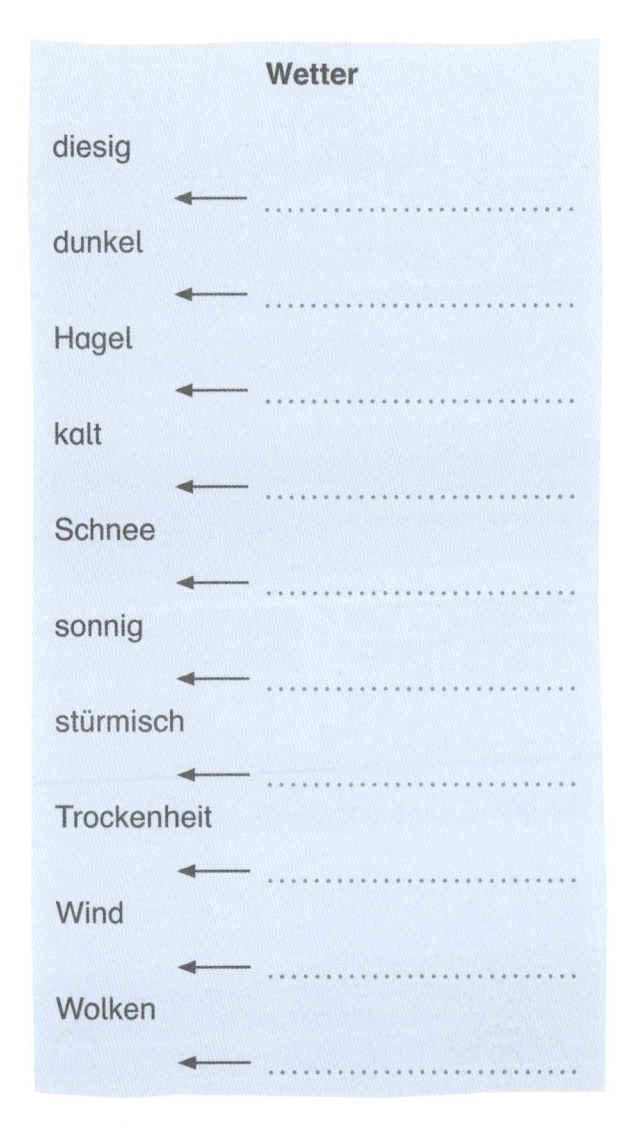

Berufe	**Wetter**
Ansager	diesig
←	← ....
Arzt	dunkel
←	← ....
Bäuerin	Hagel
←	← ....
Fernfahrer	kalt
←	← ....
Friseur	Schnee
←	← ....
Gärtnerin	sonnig
←	← ....
Klempnerin	stürmisch
←	← ....
Pilot	Trockenheit
←	← ....
Schneider	Wind
←	← ....
Sekretärin	Wolken
	← ....

Wissen und Verstehen

Die Haupteinträge im Wörterbuch sind fett gedruckt. Die Wörter stehen dort meistens in ihrer einfachsten Form: Verben stehen in der Grundform, Adjektive in der Grundstufe und zusammengesetzte Nomen musst du in ihre Teile zerlegen und einzeln nachschlagen.

es schrie – **schreien**

größer – **groß**

Kaugummi – **kauen, Gummi**

Üben ❶ Schreibe das Wort auf, unter dem du im Wörterbuch suchen musst.

er warf	sie lief	früher	am längsten
werfen			

am höchsten	du schriebst	eckiger	sie schwamm

Üben ❷ Schreibe auf, unter welchen Wörtern du im Wörterbuch suchen kannst.

grasgrün   Gras, grün

Wiederaufnahme

Winterräumdienst

Schreibwerkstatt

Bananensirupflasche

Atlantiküberquerung

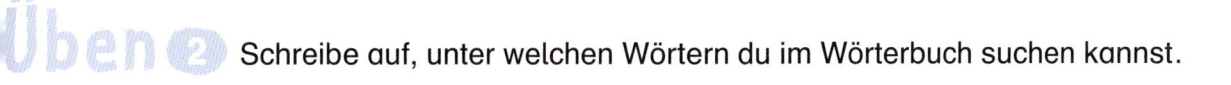

43

Fremdwörter nachschlagen

Wissen und Verstehen

Manche Fremdwörter sind im Wörterbuch schwer zu finden, weil sie anders geschrieben als ausgesprochen werden. Besonders schwierig ist es, wenn dies bereits beim ersten Buchstaben so ist. Da helfen dir nur Nachdenken und Suchen.

Dschiens   Jeans

Kautsch   Couch

Üben

Suche die Wörter im Wörterbuch. Schreibe sie richtig unter die Sprechblasen.

püdschama

....

batten

....

klaun

....

swätschört

....

kroassang

....

dschoker

....

schammpu

....

körser

....

tschätten

....

körriwurst

....

1 Setze die Wörter durch einen Pfeil an die richtige Stelle im Alphabet.

Plan   Planet   Plane   Planke   Plantage   planschen

gackern   gähnen   gaffen   Gag   Galeere   Galaxie   Galerie

bunt   Burg   Büro   Bürger   Burger   Bürste   Bursche

2 Schlage die Wörter im Wörterbuch nach und schreibe das Wort dazu, unter dem du suchen musst.

käuflich   finde ich unter   ....

er hob   finde ich unter   ....

du erschrickst   finde ich unter   ....

schaumig   finde ich unter   ....

spätestens   finde ich unter   ....

grundsätzlich   finde ich unter   ....

3 Unter welchen Wörtern kannst du die zusammengesetzten Wörter nachschlagen? Schreibe sie hinter das Wort.

Montagmorgenkreis   ....

Kletterparcours   ....

Trinkflaschenhalter   ....

Fahrradschlauchventil   ....

4 Suche die Wörter im Wörterbuch und schreibe sie auf.

autsaider   ....   laif   ....

börger   ....   luping   ....

45

Abschlusstest

Lies zuerst den Arbeitstext. Bearbeite dann alle Aufgaben. Kontrolliere deine Ergebnisse im Lösungsteil. Male zu jeder Aufgabe nach der Kontrolle die Ampel so an:

 Hier ist alles richtig.

Ich habe noch einige Fehler gemacht.

Das übe ich noch einmal.

Bei den Aufgaben, deren Ampel rot ist, hast du noch Probleme. Schau dir deshalb nochmals die dazugehörigen Seiten vorne im Heft an. Das Zeichen unter der Ampel hilft dir dabei.

Eingesperrt

Sven und sein Freund Kai laufen nachmittags immer mit Svens Hündin Choco in den Wald. Schon wenn Sven die Leine in die Hand nimmt, bellt Choco vor Freude und wedelt mit dem Schwanz. Aber heute ist es anders. Es ist kein Bellen zu hören. Ganz still ist es im Haus. „Choco", lockt Sven, „komm wir gehen spazieren!" Aber nichts passiert. Keine Choco kommt angesprungen. Sven rennt schnell an die Haustür und ruft: „Kai, Hilfe! Choco ist verschwunden!" Ihm sitzt ein dicker Kloß im Hals: „Bitte suche sie mit mir." „Hier draußen ist sie nicht", antwortet Kai. „Sie kann eigentlich nur im Haus sein", vermutet er. „Komm, wir suchen sie gemeinsam", schlägt er vor. Sie suchen in jedem Zimmer, sie suchen hinter der Couch, hinter dem Klavier, unter den Sesseln, unter dem Bett und sogar im Schrank. Sie laufen die Kellertreppe hinunter, aber keine Choco. Allmählich sind sie richtig verzweifelt. Ihnen fällt nichts Schlaues mehr ein. Traurig setzen sie sich auf den Fußboden. Sven hat schon ganz feuchte Augen. Plötzlich fragt Kai leise: „Hörst du das auch?" Tatsächlich hören sie ein leises Wimmern und Scharren. Das Geräusch kommt eindeutig vom Dachboden. Da fällt Sven ein, dass er am Mittag nach dem Essen eine Reisetasche dorthin gebracht hat und Choco ihm nachgelaufen ist. Choco hat sich wohl versteckt, während er die Tasche ins Regal gestellt hat. Er muss sie aus Versehen eingesperrt haben. Schnell rennen die Freunde auf den Dachboden, öffnen die Tür und schon springt ihnen Choco mit aufgeregtem Kläffen und freudigem Bellen entgegen. „So etwas Dummes", sagt Kai lachend.

Aufgabe 1 Suche aus dem Text alle Verben und Adjektive heraus, die zu Nomen geworden sind. Schreibe sie mit Artikel auf.

Verben als Nomen: ....

....

Adjektive als Nomen: ....

→ siehe Seite 7–12

Aufgabe 2 Überlege, ob die Zeitangaben groß- oder kleingeschrieben werden. Schreibe sie richtig in den Kasten.

Gitti geht ABENDS [   ] um 20 Uhr ins Bett.

Frau Braun trinkt jeden MORGEN [   ] Tee.

Luis spielt MONTAGS [   ] Fußball.

Reni isst am NACHMITTAG [   ] immer einen Apfel.

Herr Fisch geht SONNTAGNACHMITTAGS [   ]

immer spazieren.

Eines ABENDS [   ] klopfte es an der Tür.

Der DONNERSTAG [   ] ist mein Lieblingstag.

→ siehe Seite 13, 14

Aufgabe 3 Schreibe aus dem Text alle Wörter mit **ss** und **ß** heraus. Kennzeichne den kurz gesprochenen Vokal vor dem ⓢ-Laut mit einem Punkt, den lang gesprochenen mit einem Strich.

ss: ....

....

ß: ....

....

→ siehe Seite 16

Abschlusstest

Aufgabe 4 Schreibe zu jedem Wort ein Reimwort aus dem Text heraus. Markiere den gleichen Auslaut.

das Band .... der Schoß ....

er trägt .... bald ....

die Bank .... er singt ....

der Tanz .... er sagt ....

➡ siehe Seite 20

Aufgabe 5 Verlängere die Wörter aus dem Text so, dass du den Endlaut gut erkennen kannst.

die Hand .... der Wald ....

er fragt .... er schlägt ....

traurig .... freudig ....

➡ siehe Seite 20

Aufgabe 6 Erkennst du diese Wörter aus dem Text wieder? Ergänze die fehlenden Buchstaben. Kennzeichne danach den kurz gesprochenen Vokal mit einem Punkt und färbe die nachfolgenden Konsonanten ein.

l .... t

pl .... l ....

s .... t ....

di .... er

verst ....

➡ siehe Seite 23

Aufgabe 7 Schreibe aus dem Text alle Verben mit einem Doppel-konsonanten in der Grundform auf. Bilde dann die Personalform im Präsens mit **er**, **sie** oder **es**. Markiere die Doppelkonsonanten.

➜ siehe Seite 24

Aufgabe 8 Bilde mit den Wörtern aus dem Text zusammen-gesetzte Nomen.

Treppe   Zimmer   Keller   Mittag   Essen

➜ siehe Seite 24

Aufgabe 9 Suche aus dem Text alle Wörter mit **ie** und **ih** heraus. Schreibe sie auf und markiere **ie** und **ih** mit unterschiedlichen Farben.

ie:

ih:

➜ siehe Seite 28, 29

Abschlusstest

Aufgabe 10 Suche aus dem Text alle Wörter mit Doppellauten heraus. Markiere den Doppellaut und den nachfolgenden Buchstaben.

➲ siehe Seite 30

Aufgabe 11 Suche aus dem Text den Satz heraus, in dem Aufzählungen durch Kommas getrennt sind. Schreibe ihn ab und markiere jede Aufzählung in einer anderen Farbe.

➲ siehe Seite 32

Aufgabe 12 Ergänze die Sätze aus dem Text. Markiere die Bindewörter **dass** und **während**. Vergiss nicht, davor ein Komma zu setzen.

Da fällt Sven ein

Choco hat sich wohl versteckt

➲ siehe Seite 34, 35

Aufgabe 13 Stelle die wörtliche Rede mit den Begleitsätzen um. Setze die Rede- und die Satzzeichen.

Begleitsatz vorne:

Sven ruft: „Ach, Choco, es tut mir leid, dass ich dich eingesperrt habe."

Begleitsatz hinten:

....

....

Begleitsatz in der Mitte:

....

....

➲ siehe Seite 40

Aufgabe 14 Schreibe aus dem Text alle zusammengesetzten Nomen heraus. Unter welchen Wörtern findest du sie im Wörterbuch? Schreibe auf.

Nomen	im Wörterbuch unter:
....	....
....	....
....	....
....	....
....	....

➲ siehe Seite 43

Dein Ergebnis bei den 14 Aufgaben:

Groß- und Kleinschreibung

Besprich Aufgaben, zu denen du hier keine Lösung findest, mit einem Erwachsenen.

Seite 6 Üben

die Dunkelheit, die Wanderung, die Finsternis, das Gestrüpp, die Mühsal, die Begegnung, der Schatten, das Gespenst, die Angst, der Schrecken, der Schluss, die Heiterkeit, die Unterkunft, die Freundschaft, Struppi

Seite 7 Üben

das Bellen des Hundes.
das Zwitschern der Vögel.
das Rauschen des Wassers.
das Quietschen der Bremsen.
das Lachen der Kinder.
das Klingeln der Fahrradfahrerin.
das Brummen des Helikopters.
das Läuten der Kirchturmglocken.

Seite 8 Üben 1

Beim Kochen helfe ich gerne meinem Vater.
Beim Lernen lasse ich mich leicht ablenken.
Beim Schwimmen trage ich eine Taucherbrille.
Beim Telefonieren male ich.

Vom Turnen bekomme ich Muskelkater.
Vom Schreien werde ich heiser.
Vom Trommeln tun mir die Finger weh.
Vom Malen habe ich farbige Hände.

Zum Einkaufen brauche ich Geld.
Zum Schneiden benutze ich ein scharfes Messer.
Zum Gießen hole ich frisches Wasser.
Zum Basteln besorge ich buntes Papier.

Seite 9 Üben 2

Beim Spielen vergesse ich alles.
Ich spiele gerne.
Sheila kommt vom Spielen nach Hause.

Immer rennt Lizzi allen weg.
Zum Rennen brauche ich neue Turnschuhe.
Chris hat sich beim Rennen den Fuß verstaucht.

Vom Toben bin ich ganz erhitzt.
Alle toben durcheinander.
Die Vase ist beim Toben umgefallen.

Seite 9 Üben 3

Als Ronja heute vom Reiten kam, half ihr ihre Mutter beim Ausziehen der Stiefel. Ronja war so müde, dass sie danach beim Essen fast eingeschlafen wäre.

Seite 10 Üben

Senep ist die Größte.
Enrico ist der Coolste.
Fred ist der Kleinste.
Inga ist die Schlauste.
Finja ist die Lustigste.
Pit ist der Kräftigste.
Fritz ist der Dünnste.
Mali ist die Schüchternste.

Seite 11 Üben 1

groß – klein
Hast du nichts Großes, dann nimm etwas Kleines.
leicht – schwer
Hast du nichts Leichtes, dann nimm etwas Schweres.
krumm – gerade
Hast du nichts Krummes, dann nimm etwas Gerades.
heiß – kalt
Hast du nichts Heißes, dann nimm etwas Kaltes.
sauber – schmutzig
Hast du nichts Sauberes, dann nimm etwas Schmutziges.
schön – hässlich
Hast du nichts Schönes, dann nimm etwas Hässliches.
süß – sauer
Hast du nichts Süßes, dann nimm etwas Saures.

Seite 11 Üben 2

Er denkt an etwas Lustiges.
Streiche alles Überflüssige durch.
Im Fernsehen kommt nichts Spannendes.
In dieser Stunde habe ich viel Neues gelernt.
In der heutigen Zeitung stand wenig Interessantes.
Ich wünsche dir zum Geburtstag alles Gute.

Seite 12 Üben 3

wenig Neues
viel Unnötiges/wenig Unnötiges/alles Unnötige
viel Spannendes/wenig Spannendes/alles Spannende
viel Süßes/wenig Süßes/alles Süße

viel Aufregendes/wenig Aufregendes/alles Aufregende
viel Schönes/wenig Schönes/alles Schöne
viel Interessantes/wenig Interessantes/alles
Interessante
alles Liebe

Seite 12 Üben 4

Lieber Flo,
viele Grüße aus den Ferien. Hier ist es **n**ass und
ziemlich **k**alt. Deshalb muss ich jeden Tag etwas
Warmes und vor allem etwas **W**asserdichtes
anziehen. Wenn ich wieder zu Hause bin, muss ich
Dir viel **A**ufregendes erzählen. Es sind **u**nglaubliche
Sachen passiert. Gibt es etwas **N**eues bei Dir?
Alles **G**ute
Deine Moni

Seite 13 Üben 1

der Morgen	morgens	am Morgen	eines Morgens
der Abend	abends	am Abend	eines Abends
der Mittag	mittags	am Mittag	eines Mittags
der Vormittag	vormittags	am Vormittag	eines Vormittags
die Nacht	nachts	bei Nacht	eines Nachts
der Nachmittag	nachmittags	am Nachmittag	eines Nachmittags

Seite 13 Üben 2

Jeden **M**orgen stehe ich um 7 Uhr auf. Ich esse
mittags in der Schule. Am **N**achmittag spiele ich oft
Fußball. Am liebsten höre ich **a**bends vor dem
Schlafengehen noch ein bisschen Musik. In der **N**acht
träume ich oft schöne Geschichten.

Seite 14 Üben 3

Wir gehen **Montag früh** alle zusammen aus dem
Haus. Ich esse **immer montags** bei meiner Freundin.
Am Dienstagnachmittag gehe ich ins Turnen. Meine
Trommelstunde ist **mittwochs. Jeden Donnerstag**
gibt es bei uns Spaghetti mit Tomatensoße. Der
Fischwagen kommt bei uns **alle Freitage** vorbei. **Am
Samstagabend** sehen wir manchmal gemeinsam
fern. In der Woche, also **werktags**, haben wir alle
wenig Zeit. Aber **sonn- und feiertags** unternehmen
wir immer etwas.

Seite 15 Bist du fit?

1 das Brauch**tum**, das Ergeb**nis**, die Gesund**heit**, die
Einsam**keit**, die Rett**ung**, die Trüb**sal**, die Heiser**keit**,
die Verwandt**schaft**, der Reich**tum**

2 Das **K**nurren des Hundes macht mir Angst.
Unser Hund **k**nurrt immer den Briefträger an.
Ich muss unbedingt mein Zimmer **a**ufräumen.
Beim **A**ufräumen habe ich mein Taschenmesser
gefunden.
Auf dem Platz herrscht ein **K**ommen und **G**ehen.
„Per, **k**omm, wir **g**ehen", **r**uft der Vater.

3 In der Zeitung steht alles **A**ktuelle. Trotzdem ist es
aber oft auch wenig **N**eues. Das **G**ute daran ist jedoch,
dass man jeden Tag weiß, was auf der **g**anzen Welt
passiert.

4 Jeden **Morgen** steht Ilja um 7 Uhr auf, denn er muss
wochentags um 8 Uhr in der Schule sein. Nur **samstags** und **am Sonntag** kann er ausschlafen. Am
Freitag muss er **nachmittags** zum Training.

Seite 16 Üben 1

zum Beispiel:
Glas: Gr**a**s
schließen: genießen/verdrießen/sprießen
Riss: B**i**ss
Klasse: K**a**sse/M**a**sse/R**a**sse

Schloss: R**o**ss
rasen: bl**a**sen/V**a**sen
reißen: h**ei**ßen/b**ei**ßen
lassen: f**a**ssen/M**a**ssen/K**a**ssen

Seite 16 Üben 2

schließen		messen	
ß	ss	ss	ß
ich schließe	er schloss	gemessen	die Maßeinheit
das Schließfach	das Schloss	die Messung	das Maß
verschließen	verschlossen	ich messe	er maß
abschließen	der Verschluss	die Messlatte	maßvoll

Schwierige Laute

Seite 17 Üben

	ich verlängere	weich ausgesprochen	scharf ausgesprochen
das Glei s	die Glei se	X	
er hieß	hei ßen		X
der Kloß	die Klö ße		X
der Hals	die Häl se	X	
der Spaß	die Spä ße		X
der Prei s	die Prei se	X	
die Lau s	die Läu se	X	
sie gieß t	gie ßen		X
groß	gro ße		X
mie s	mie se	X	
der Bewei s	die Be wei se	X	
das Gla s	die Glä ser	X	
der Sto ß	die Stö ße		X

Seite 18 Üben

R	E	V	I	E	R			

D	I	V	I	S	I	O	N	

R	E	N	O	V	I	E	R	E	N

P	R	O	V	I	A	N	T

P	R	I	V	A	T

V	E	R	B

A	D	V	E	N	T

V	E	N	U	S

R	E	S	E	R	V	I	E	R	E	N

V	I	O	L	E	T	T

N	O	V	E	M	B	E	R

L	A	V	A

N	E	R	V	Ö	S

O	L	I	V	E	N

V	O	L	T	I	G	I	E	R	E	N

Seite 19 Üben

-tion	-iv	-al	-um
Konstruktion	informativ	funktional	Medium
Demonstration	negativ	formal	Ministerium
Fiktion	positiv	oval	Minimum
Nation	fiktiv	genial	Maximum
Information	aktiv	international	Stadium
Aktion	passiv	pauschal	
Generation	naiv	maximal	
Operation	explosiv	banal	
Reaktion	konstruktiv	minimal	
Organisation	demonstrativ	liberal	
Funktion			

Seite 20 Üben

das Band	⇒	die Bän der
er zog	⇒	ge zo gen
es klingt	⇒	klin gen
er hob	⇒	he ben
sie trug	⇒	tra gen
der Wind	⇒	die Win de
grob	⇒	grö ber
sie lag	⇒	lie gen
er sang	⇒	sin gen
taub	⇒	tau ber
der Schlag	⇒	die Schlä ge
blind	⇒	blin der
blond	⇒	blon der
der Tag	⇒	die Ta ge

Seite 21 Bist du fit?

1

die Reise	reisen	er reist
der Biss	beißen	sie beißt
der Kreis	kreisen	er kreist

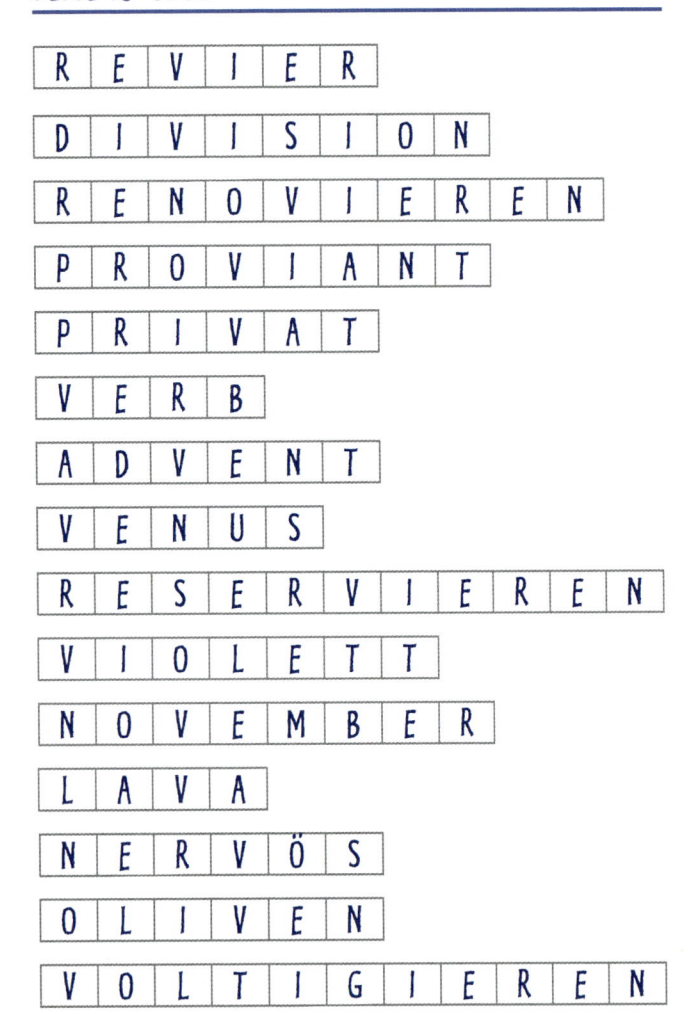

der Schluss　　schließen　　du schließt

das Maß　　messen　　sie misst

2

Ventilator	Veranda
Volleyball	Pullover
Interview	vegetarisch

In allen Wörtern wird das **V/v** als (w)-Laut gesprochen.

3

demonstrativ	die Demonstration
funktional	die Funktion
informativ	die Information
national	die Nation

4 Wenn ein Schiff untergeht, dann **sinkt** es.
Wenn ein Mensch melodische Töne von sich gibt, dann **singt** er.
Wenn das Wasser nicht klar ist, dann ist es **trüb**.
Wenn jemand nicht sehen kann, dann ist er **blind**.
Wenn jemand kein Riese ist, dann ist er vielleicht ein **Zwerg**.
Wenn die Blätter von den Bäumen fallen, dann war es der **Wind**.

Seite 22　Üben 1

der Hamster, das Gespenst, der Krawall, die Sperre, die Brände, die Brandung, die Hilfe

Seite 22　Üben 2

der Hall	der Kamm	werben
er muss	wenn	die Scherbe
~~den~~	die Hörner	~~weben~~
der Schall	~~kam~~	der Zorn
der Stecken	bremsen	wann
~~das Mus~~	die Hütte	~~wir~~
denn	~~wen~~	~~der Schal~~
die Kurve	wirr	der Halt
~~die Hüte~~	er kann	~~der Steg~~
der Kuss	~~blöken~~	der Stock
klopfen	~~der Kran~~	~~er blutet~~

Seite 23　Üben

Mein Wort hat ein **tz**. Vor dem **tz** steht ein **ü**.	Pfütze
Mein Wort hat ein **ck**. Es fängt mit **H** an.	Hecke
Mein Wort hat ein **tz**. Vor dem **tz** steht ein **li**.	blitzen
Mein Wort hat ein **tz**. Vor dem **tz** steht ein **i**.	Hitze
Mein Wort hat ein **ck**. Es fängt mit **b** an.	backen
Mein Wort hat ein **tz**. Es beginnt mit **S**.	Schatz
Mein Wort hat ein **tz**. Es fängt mit **K** an.	Katze
Mein Wort hat ein **ck**. Im Wort ist ein **n**.	Schnecke
Mein Wort hat ein **ck**. Es endet mit **er**.	Wecker

Seite 24　Üben

Grundform	Personalformen		
beginnen	ich beginne	du beginnst	er beginnt
küssen	ich küsse	du küsst	er küsst
scharren	ich scharre	du scharrst	er scharrt
vergessen	ich vergesse	du vergisst	sie vergisst
joggen	ich jogge	du joggst	er joggt
wippen	ich wippe	du wippst	er wippt
dribbeln	ich dribble	du dribbelst	er dribbelt
schummeln	ich schummle	du schummelst	er schummelt
fesseln	ich fessle	du fesselst	er fesselt
quasseln	ich quassle	du quasselst	er quasselt
schaffen	ich schaffe	du schaffst	sie schafft
treffen	ich treffe	du triffst	er trifft
jobben	ich jobbe	du jobbst	sie jobbt
chatten	ich chatte	du chattest	er chattet
mobben	ich mobbe	du mobbst	sie mobbt

Lange und kurze Vokale

Seite 25 Üben

1 Was nicht trocken ist, ist **nass. – nas ser**

2 Was nicht gerade ist, ist **krumm. – krum mer**

3 Ein Teil des Baumes ist der **Stamm. – Stäm me**

4 Es ist rund, und man kann es werfen. Es ist ein **Ball. – Bäl le**

5 Wenn die Sonne scheint, ist das Licht **grell. – grel ler**

6 Wenn man nicht hungrig ist, ist man **satt. – sat ter**

7 Ein anderes Wort für Ausweis ist **Pass. – Päs se**

8 Zum Frisieren braucht man einen **Kamm. – Käm me**

9 Durcheinandergebrachtes Haar ist **wirr. – wir rer**

10 Ein Reifen mit Loch ist **platt. – plat ter**

11 Wenn man nicht braun ist, ist man **blass. – blas ser**

12 Pferde stehen nachts im **Stall. – Stäl le**

Seite 26 Üben 1

Magen XXX Mühle XXX schlafen XXX kühl XXX Nabel XXX fröhlich XXX Pore XXX Medikament XXX privat XXX Haar XXX planen XXX blasen XXX fühlen XXX Problem XXX Blut XXX Fuß XXX holen XXX Nadel XXX Öse XXX Panik XXX plagen XXX Koma XXX Wade XXX Zahn XXX Lid XXX Leber XXX tot XXX Bahre XXX suchen XXX gewöhnlich XXX super XXX wütend XXX Tat XXX Tod XXX Bewegung XXX froh XXX hören XXX Ekel XXX Klee XXX Knoten XXX Medizin XXX mager XXX Drüse XXX Probe XXX gut XXX sagen XXX Fehler XXX haben XXX lösen XXX Lupe XXX bluten XXX Sehne XXX nötig XXX Ohr XXX atmen XXX tun XXX Masern XXX Po XXX geben XXX egal XXX prüfen XXX Puder XXX raten XXX Narkose XXX Röteln XXX Kur XXX Labor XXX leben XXX Tüte XXX reden XXX See XXX Risiko XXX spüren XXX Kilo XXX üben XXX Maschine XXX wenig XXX schlagen XXX Glas XXX dehnen XXX Tube XXX Uhr XXX Schere XXX mögen XXX Stuhl XXX Saal XXX

zahm XXX schonen XXX Mut XXX beraten XXX legen XXX Vitamin XXX Strapaze XXX Motiv XXX Seele XXX lehren XXX Tag XXX Sirene XXX Minute XXX Busen XXX schwül XXX klären XXX zögern XXX müde XXX Blase XXX wahr XXX Virus XXX Sahne XXX fragen XXX Schal XXX Sirup XXX Tee XXX Husten

Seite 27 Üben 2

aa	ee		oo
Aal	Idee	Tee	Zoo
Staat	See	Kaffee	doof
Waage	Beere	leer	Moos
Saal	Schnee	Teer	Moor
Paar	Allee	Seele	Boot
Saat	Armee	Beet	

Seite 27 Üben 3

zum Beispiel:

wählen: die Wahl, der Wähler, wahlweise

die Sahne: sahnig, die Sahnetorte, der Sahnespender

die Zahl: zählen, zählbar, der Zähler

das Mahl: mahlen, die Mahlzeit, der Mahlstein

die Bahn: der Bahnhof, die Bahnschranke, der Bahnsteig

der Fehler: fehlerhaft, fehlerlos, fehlerfrei

das Jahr: jahrelang, jährlich, die Jahreszeit

fahren: die Fahrt, der Fahrer, der Fahrstuhl

kühl: kühlen, der Kühler, der Kühlschrank

wohnen: wohnlich, die Wohnung, der Wohnort

Seite 28 Üben 1

Der erste Platz bei einem Wettkampf ist der **Sieg**.

Ein anderes Wort für Räuber heißt **Dieb**.

Das Gegenteil von wenig ist **viel**.

Der Turm von Pisa ist **schief**.

Das Gemüse, bei dem man beim Schneiden weint, ist die **Zwiebel**.

Ein Quartett ist ein **Kartenspiel**.

Ein Musikinstrument mit schwarzen und weißen Tasten ist ein **Klavier**.

Kühe grasen auf der **Wiese**.

Im Winter trägt man **Stiefel**.

Ein Mensch, der sehr groß ist, ist ein **Riese**.

Ein Insekt, das Honig produziert, ist eine **Biene**.

Die Hälfte von acht ist **vier**.

Seite 28 Üben 2

er ruft	passt zu	er rief
sie läuft	passt zu	sie lief
sie scheint	passt zu	sie schien
er schläft	passt zu	er schlief
ihr schreibt	passt zu	ihr schriebt
sie steigt	passt zu	sie stieg

Seite 30 Üben

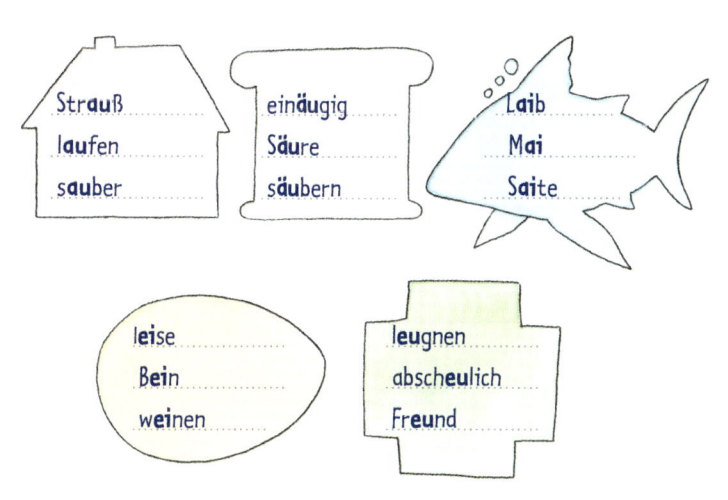

Strauß
laufen
sauber

einäugig
Säure
säubern

Laib
Mai
Saite

leise
Bein
weinen

leugnen
abscheulich
Freund

Seite 31 Bist du fit?

1

Flo hat heutte Morgen verschlafen. Schnell pakt sie ire

Schulltasche und rent zur Bushaltestelle. Aber, oh Schrek,

da steht der Bus schon an der Kreutzung. Flo flizt one zu

zögern los,

aber der Bus färt an der Haltestele vorbei. Flo überlekt,

was sie nun tun kan. Ir fält nichts ein, aber da

biekt ein zweiter Bus um die Eke, und der hält an. Jetzt kan

Flo beruhigt einsteiggen und komt noch pünktlich in die

Schulle.

2

heute, packt, ihre,
Schultasche, rennt, Schreck,
Kreuzung, flitzt, ohne,
fährt, Haltestelle, überlegt,
kann, ihr, fällt,
biegt, Ecke, kann,
einsteigen, kommt, Schule

3 Aal: Saal
Schnee: Tee/Idee/Armee/Klee/See
Klee: See/Tee/Idee/Armee/Schnee
Idee: Armee/Klee/Tee/Schnee/See
leer: Teer
Saat: Staat

Seite 32 Üben

Am Wochenende gehe ich zum Fußball **und/oder**
zum Tennis.
Zum Geburtstag wünsche ich mir ein Waveboard,
ein Surfbrett **oder** Inliner.
In den Ferien fahren wir in die Berge **oder** ans Meer.
Meine Lieblingsfrüchte sind Äpfel, Melonen **und**
Erdbeeren.
Meine Füße sind gewachsen, deshalb brauche ich
neue Gummistiefel, Turnschuhe **und** Wanderschuhe.
Brauchst du zum neuen Schuljahr einen Füller,
Buntstifte, einen Radiergummi **und** einen Spitzer?

Seite 33 Üben

Der Hund frisst eine Karotte, **weil** Karotten sein
Lieblingsgemüse sind.
Der Dampfer tutet, **weil** er ablegt.
Die Feuerwehr löscht das Feuer, **weil** es brennt.
Sofie bindet sich einen Schal um, **weil** sie
Halsschmerzen hat.
Herr Schnell tankt sein Auto voll, **weil** der Tank fast
leer ist.
Ute geht heute nicht auf den Tennisplatz, **weil** das
Wetter schlecht ist.
Frauke kauft ein, **weil** der Kühlschrank leer ist.
Lukas hat eine Blase an der Ferse, **weil** sein Schuh
zu eng ist.

Seite 34 Üben

Peter bestellt sich eine Limo, **obwohl** sein Glas noch
gar nicht leer ist.
Susi malt Blumen, **während** sie telefoniert.
Die Katze sitzt vor dem Mauseloch, **obwohl** die Mäuse
nicht rauskommen.
Bea liest ein Buch, **obwohl** sie eigentlich ihr Zimmer
aufräumen soll.
Marc schrieb eine SMS, **während** der Lehrer etwas
erklärte.
Sie lief ohne Regenschirm aus dem Haus, **obwohl** es
zu regnen begann.

Zeichensetzung

Mia deckte schon den Tisch, **während** die Kaffee-maschine lief.
Bonnie hielt den Hund mit einer Hand fest, **während** sie mit der anderen Hand die Haustür aufschloss.
Susi friert, **obwohl** sie warm angezogen ist.
Mein Vater sieht fern, **während** er bügelt.
Meine Mutter singt, **während** sie unter der Dusche steht.
Unser Baby schreit, **obwohl** es genug getrunken hat.

Seite 35 Üben

Felix lachte so sehr, dass ihm der Bauch wehtat.
Margie hofft, dass sie eine Eins in der Arbeit schreibt.
Ich weiß, dass ich zum Geburtstag einen roten Pulli bekomme.
Die Politesse sagt zu dem Autofahrer, dass er hier nicht parken darf.
Pits Freundin schreibt, dass sie in den Ferien zu Besuch kommt.
Herr Mops niest so laut, dass die Wände wackeln.
Die Wettervorhersage sagt, dass es ab morgen kälter wird.
Ich hoffe, dass ich zu meiner Freundin in die Klasse komme.
Mein Opa spürt, dass das Wetter schlechter wird.
Fürchtest du, dass du Ärger mit deinen Eltern bekommst?

Seite 36 Üben

„Um 12.30 Uhr näherten sich drei Kinder der Fußgän-gerampel, und eines von ihnen überquerte den Überweg, ohne auf die rote Ampel zu achten."

„Genauso habe ich es gesehen."

„Die Kinder blieben sehr wohl kurz an der Ampel stehen. Da die Ampel gerade auf Grün schaltete, lief ein Junge sofort los und wurde von dem Auto erfasst."

„Ich hatte Grün und konnte, obwohl ich den Jungen noch gesehen habe, das Auto nicht rechtzeitig zum Stehen bringen."

„Es ging alles so schnell",

Seite 37 Üben

Die Rektorin spricht: „Ich begrüße unsere neuen Fünftklässler."
Die Lehrerin erklärt: „Für den Aufsatz habt ihr eine Woche Zeit."
Der Hausmeister fordert den Schüler auf: „Das Papier gehört nicht auf den Schulhof, sondern in den Papier-korb."
Die Sekretärin bittet: „Ich brauche von deinen Eltern noch eine Notfalltelefonnummer."
Der Schüler verteidigt sich: „Ich habe Alex kein Bein gestellt."

Seite 38 Üben

zum Beispiel:
„Der Fußball gehört mir", **sagt Max.** „Das kann nicht sein, denn hier ist ein Kratzer", **verteidigt sich Benne.** „Mein Ball hat an der gleichen Stelle einen Kratzer", **erklärt Max.** „Ich weiß aber, dass das mein Fußball ist, weil ich ihn vor der Schule hier für die Pause versteckt habe", **antwortet Benne.** „Ich habe aber meinen Ball aus dem Klassenzimmer mitgebracht", **erwidert Max.** „Du bist ein Lügner!", **schreit Benne.** „Bin ich nicht!", **schreit Max zurück.** „Wer von euch hat diesen Ball im Gebüsch liegen lassen?", **fragt der Hausmeister und hält einen Ball hoch.** Max und Benne schauen sich an und brechen in Gelächter aus. Der Hausmeister versteht gar nichts mehr.

Seite 39 Üben

Das vergessene Pausenbrot
Antonia steht in der großen Pause weinend auf dem Schulhof. Schnell läuft ihre Freundin Donata zu ihr. „Warum weinst du denn?", fragt sie, „hat dich jemand beleidigt oder angerempelt?" Antonia schüttelt den Kopf. „Nein", schluchzt sie, „ich habe mein Pausen-brot vergessen." „Aber deswegen musst du doch nicht weinen", tröstet Donata sie, „ich gebe dir etwas von meinem ab." „Das geht nicht", erwidert Antonia noch immer unter Tränen, „denn ich habe meinem Vater versprochen, dass ich heute mein Pausenbrot ganz aufesse, und jetzt habe ich es nicht dabei." „Ich bin sicher", tröstet Donata sie, „das wird dein Vater verstehen. Nimm wenigstens ein Stück Apfel von mir." „Du bist aber nett", bedankt sich Antonia. Sie lächelt schon wieder. Die beiden Mädchen teilen den Apfel genau in der Mitte. Antonia beißt in ihr Apfelstück hinein. „Dein Apfel schmeckt gut", sagt sie, „er ist süß und saftig."

Seite 40 Üben

Patrick ärgert sich: „Ich habe meinen I-Pod verlegt."
„Ich habe meinen I-Pod verlegt", ärgert sich Patrick.
„Ich habe", ärgert sich Patrick, „meinen I-Pod verlegt."

Milena fragt: „Wann gehen wir nach Hause?"
„Wann gehen wir nach Hause?", fragt Milena.
„Wann", fragt Milena, „gehen wir nach Hause?"

Die Lehrerin sagt: „Morgen fahren wir zur Kunsthalle."
„Morgen fahren wir zur Kunsthalle", sagt die Lehrerin.
„Morgen", sagt die Lehrerin, „fahren wir zur Kunst-
halle."

Seite 41 Bist du fit?

1 Die Mutter kauft Max ein Mäppchen, Stifte **und** neue
Umschläge.
Nic sucht eine neue Arbeitsgemeinschaft. Er hat die
Wahl zwischen Fußball, Hockey, Theater **und/oder**
Kunst.
Zoe darf entscheiden, ob sie ihren Geburtstag zu
Hause, im Museum, im Strandbad **oder** im Kletterpark
feiern möchte.

2 Der Lehrer erklärte, **dass** zum Ausflug alle 10 €
mitbringen müssen.
Yannik geht nicht mit Eli zum Fußball, **weil** er lieber
Tennis spielt.
Petra lädt Mona ein, **obwohl** sie sich gestern gestrit-
ten haben.
Steffi streichelt ihren Hund, **während** der Tierarzt ihn
untersucht.

3 „Du schreibst mit meinem Bleistift", sagt Franzi, „gib
ihn mir sofort zurück!"
„Das ist mein Bleistift", entgegnet Susan.
Franzi wird rot im Gesicht und schreit: „Du lügst."
„Reg dich nicht so auf", beruhigt Susan sie, „dein
Bleistift liegt unter deinem Heft."
„Das habe ich nicht gesehen", entschuldigt sich Franzi,
„tut mir leid!"

Seite 42 Üben

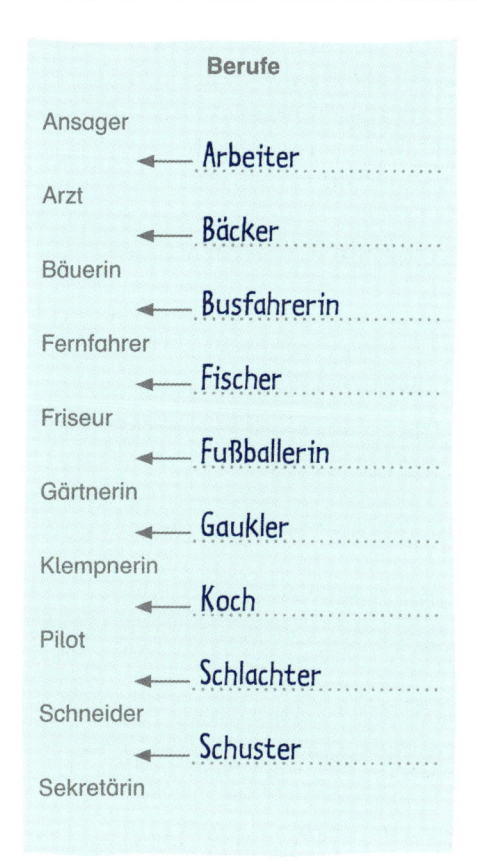

Berufe

Ansager	
	← Arbeiter
Arzt	
	← Bäcker
Bäuerin	
	← Busfahrerin
Fernfahrer	
	← Fischer
Friseur	
	← Fußballerin
Gärtnerin	
	← Gaukler
Klempnerin	
	← Koch
Pilot	
	← Schlachter
Schneider	
	← Schuster
Sekretärin	

Wetter

diesig	
	← Donner
dunkel	
	← grell
Hagel	
	← hell
kalt	
	← klar
Schnee	
	← Sonne
sonnig	
	← Sturm
stürmisch	
	← trocken
Trockenheit	
	← warm
Wind	
	← windig
Wolken	
	← wolkig

Nachschlagen

Seite 43 Üben 1

er warf
werfen

sie lief
laufen

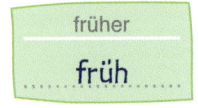
früher
früh

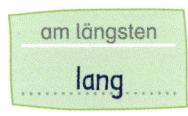
am längsten
lang

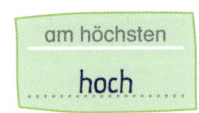
am höchsten
hoch

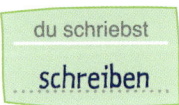
du schriebst
schreiben

eckiger
eckig

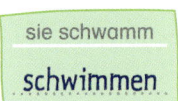
sie schwamm
schwimmen

Seite 43 Üben 2

grasgrün: Gras, grün
Wiederaufnahme: wieder, Aufnahme
Winterräumdienst: Winter, räumen, Dienst
Schreibwerkstatt: schreiben, Werkstatt
Bananensirupflasche: Banane, Sirup, Flasche
Atlantiküberquerung: Atlantik, überqueren

Seite 44 Üben

Pyjama	Button
Clown	Sweatshirt
Croissant	Joker
Shampoo	Cursor
chatten	Currywurst

Seite 45 Bist du fit?

1 Plan, Plane, Planet, Planke, planschen, Plantage
gackern, gaffen, Gag, gähnen, Galaxie, Galeere, Galerie
bunt, Burg, Burger, Bürger, Büro, Bursche, Bürste

2 käuflich → finde ich unter → kaufen

er hob → finde ich unter → heben

du erschrickst → finde ich unter → erschrecken

schaumig → finde ich unter → Schaum

spätestens → finde ich unter → spät

grundsätzlich → finde ich unter → Grund

3 Montagmorgenkreis: Montag, Morgen, Kreis
Kletterparcours: klettern, Parcours
Trinkflaschenhalter: trinken, Flasche, Halter
Fahrradschlauchventil: Fahrrad, Schlauch, Ventil

4 Outsider   live
Burger   Looping

Seite 47 Aufgabe 1

Verben als Nomen: das Bellen, das Wimmern, das Scharren, das Kläffen
Adjektive als Nomen: das Schlaue, das Dumme

Seite 47 Aufgabe 2

Gitti geht **abends** um 20 Uhr ins Bett.
Frau Braun trinkt jeden **Morgen** Tee.
Luis spielt **montags** Fußball.
Reni isst am **Nachmittag** immer einen Apfel.
Herr Fisch geht **sonntagnachmittags** immer spazieren.
Eines **Abends** klopfte es an der Tür.
Der **Donnerstag** ist mein Lieblingstag.

Seite 47 Aufgabe 3

ss: passiert, Sessel, Essen, muss

ß: Kloß, draußen, Fußboden

Seite 48 Aufgabe 4

das Band	die Hand
er trägt	er schlägt (vor)
die Bank	der Schrank
der Tanz	der Schwanz
der Schoß	der Kloß
bald	der Wald
er singt	sie springt
er sagt	er fragt

Seite 48 Aufgabe 5

die Hand – die Hände
er fragt – fragen
traurig – trauriger
der Wald – die Wälder

er schlägt – schlagen
freudig – freudiger

Seite 48 Aufgabe 6

lockt, plötzlich, sitzt, dicker, versteckt

Seite 49 Aufgabe 7

bellen, er bellt

kommen, sie kommt

passieren, es passiert

rennen, sie rennt

können, er kann

einfallen, es fällt (jemandem etwas) ein

(Wimmern = Nomen von wimmern, er wimmert)

(Scharren = Nomen von scharren, er scharrt)

stellen, sie stellt

müssen, es muss

einsperren, sie sperrt ein

öffnen, sie öffnet

(Kläffen = Nomen von kläffen, er kläfft)

Seite 49 Aufgabe 8

Kellertreppe, Mittagessen, Esszimmer

Seite 49 Aufgabe 9

ie: die, spazieren, passiert, sie, hier, Klavier

ih: ihm, ihnen

Seite 50 Aufgabe 10

sein, Kai, laufen, Leine, Freude, heute, kein, Haus,

Haustür, ein, draußen, eigentlich, gemeinsam,

verzweifelt, Schlaues, traurig, auf, feucht, Augen,

leise, auch, Geräusch, eindeutig, Reisetasche,

nachlaufen, aus, einsperren, Freunde, aufgeregt,

freudig

Seite 50 Aufgabe 11

Sie suchen in jedem Zimmer, sie suchen hinter der

Couch, hinter dem Klavier, unter den Sesseln, unter

dem Bett und sogar im Schrank.

Seite 50 Aufgabe 12

Da fällt Sven ein, dass er am Mittag nach dem Essen
eine Reisetasche dorthin gebracht hat und Choco ihm
nachgelaufen ist.
Choco hat sich wohl versteckt, während er die Tasche
ins Regal gestellt hat.

Seite 51 Aufgabe 13

Sven ruft: „Ach, Choco, es tut mir leid, dass ich dich
eingesperrt habe."
„Ach, Choco, es tut mir leid, dass ich dich eingesperrt
habe", ruft Sven.
„Ach, Choco", ruft Sven, „es tut mir leid, dass ich dich
eingesperrt habe."

Seite 51 Aufgabe 14

Haustür unter: das Haus, die Tür
Kellertreppe unter: der Keller, die Treppe
Fußboden unter: der Fuß, der Boden
Dachboden unter: das Dach, der Boden
Reisetasche unter: reisen, die Tasche

Rechtschreibstrategien

Diese Strategien helfen dir beim richtigen Schreiben.

Strategie 1: Mitsprechen

Beim Aufschreiben **spreche** ich leise **mit**.

- Ich gliedere die Wörter deutlich in einzelne Silben.

  Ro bo ter spra che

- Ich achte auf besondere Laute, Buchstabenverbindungen und auf die Endungen.

  der **St**ern   **sp**ielen   die **Qu**alle   das Da**ch**   si**ng**en   der Vat**er**   der Apf**el**

- Ich achte darauf, ob der Laut am Wortanfang weich oder hart gesprochen wird.

  backen – **p**acken   der **D**ank – der **T**ank   die **G**asse – die **K**asse

---

Strategie 2: Nachdenken

Beim Aufschreiben **denke** ich **nach**.

- Ich überlege, welche Wörter **großgeschrieben** werden.

  Satzanfang?   **L**uzie kommt. **W**ir spielen.

  Nomen?   der **B**aum, die graue **M**aus, die **W**ohn**ung**, die **Frei**heit, die **Heiser**keit

  Eigennamen?   **B**en, **D**ornröschen, **M**ünchen

  Höflichkeitsanrede?   **S**ie, **I**hnen

- **b** oder **p**, **d** oder **t**, **g** oder **k**? Ich **verlängere** das Wort, um den Laut besser zu hören.

  der Korb – die Kör **be**   der Hund – die Hun **de**   winzig – win zi **ge**

- **ä** oder **e**, **äu** oder **eu**? Ich suche ein **verwandtes Wort** mit **a** oder **au**.

  die **Ä**pfel – der **A**pfel   du tr**äu**mst – der Tr**au**m   er l**äu**ft – l**au**fen

- Ein oder zwei Konsonanten? Ich entscheide: **langer** oder **kurzer** Vokal.

  das Kabel – der Kasten   die Miete – die Mitte   die Hüte – die Hütte   reizen – ritzen

- Verschiedene Wortbausteine? Ich zerlege das Wort in seine Teile.

  Vor|fahrt   **ver**|laufen   Frei|**heit**   herz|**lich**

Strategie 3: Merken

Wörter mit schwierigen Lauten muss ich mir **merken** und immer wieder üben.

- Wörter mit **V/v**: der **V**ogel, der **V**ers, die **V**ase, die Oli**v**e
- Wörter mit **ai**: der K**ai**ser, der H**ai**
- Wörter mit **ks-Laut**: se**chs**, He**x**e, Ke**ks**, Kle**cks**
- Wörter mit langem **i**: w**i**r, d**i**r, der T**i**ger
- Wörter mit **doppeltem Vokal**: der S**aa**l, der S**ee**, das B**oo**t
- Wörter mit **Dehnungs-h**: fe**h**len, der Lo**h**n

Strategie 4: Nachschlagen

Wörter, bei denen ich unsicher bin, wie sie geschrieben werden, **schlage** ich **nach**.

- Ich achte auf den **Anfangsbuchstaben**: der **B**all
- Nomen suche ich in der **Einzahl**: die Hühner → das Huhn
- Verben suche ich in der **Grundform**: er singt → singen
- Adjektive suche ich in der **Grundstufe**: wärmer → warm
- Zusammengesetzte Wörter **zerlege** ich: der Schneeball → der Schnee, der Ball blitzschnell → der Blitz, schnell   hinuntergehen → hinunter, gehen

Strategie 5: Kontrollieren

Was ich geschrieben habe, muss ich **kontrollieren**.

- Ich lese jedes Wort langsam. Fehlt kein Buchstabe? Sind die Buchstaben in der richtigen Reihenfolge?
- Ich lese den Text und markiere Wörter, bei denen ich unsicher bin. Ich suche nach einer Strategie: Wortart bestimmen, Wort verlängern, Verwandte suchen
- Ich verbessere die Fehler: mein Kateikasten   Ich habe ihn ~~fergessen~~. vergessen

Fachbegriffe

Selbstlaut	Vokal	a, e, i, o, u
Umlaut		ä, ö, ü
Doppellaut		ei, ai, au, äu, eu
Mitlaut	Konsonant	b, c, d, f …

Namenwort	Nomen, Substantiv	Übung
Begleiter	Artikel	die, eine
Einzahl	Singular	die Übung
Mehrzahl	Plural	die Übungen
Fürwort	Pronomen	sie, ihr
Tuwort, Tunwort	Verb	zeigen
Grundform	Infinitiv	zeigen
Personalform		ich zeige, du zeigst …
Befehlsform	Imperativ	zeige …
Gegenwart	Präsens	er zeigt
1. Vergangenheit	Präteritum, Imperfekt	er zeigte
2. Vergangenheit	Perfekt	er hat gezeigt
Zukunft	Futur	er wird zeigen
Wiewort	Adjektiv	schwierig
Umstandswort	Adverb	bald, gestern …
Verhältniswort	Präposition	auf, an, in …
Bindewort	Konjunktion	und, oder, obwohl …
Ersatzwort	Synonym	sagen: sprechen, plaudern…